Double peine

Françoise Tara

Double peine
Non-assistance à enfance en danger

Prologue-remerciements

Difficile d'écrire et de livrer une part de soi. Le doute assaille. À qui pourrait bien servir cette histoire ? Une de plus dans le flot de celles déjà éditées.

Aujourd'hui, je n'écrirais plus la même chose. Il a fallu résister pour ne pas corriger certaines tournures de phrase ou certaines pensées et rester fidèle à mes ressentis d'alors. La colère ? Mauvaise conseillère, la transformer en sentiments plus doux pour ne pas avoir l'énergie de la vengeance. Celle-ci n'apporte rien hormis de l'amertume et conduit sans doute à des échecs répétés.

La transformer pour pouvoir prendre une revanche sur la vie, sur SA vie, sur soi et être satisfaite des résultats. Un long chemin… Tout commence toujours par *Il était une fois…* Une naissance pas toujours au bon endroit.

Sous l'abribus où je me trouve exceptionnellement, je me baisse. À mes pieds, une bille bleue. Elle a une tache rouge et une virgule blanche. Qui joue aux billes aujourd'hui ? C'est *has-been* ! Elle n'est pas là pour rien, pourtant. Je la ramasse, Bleu, Blanc, Rouge. Liberté, Égalité, Fraternité. Je souris, que de mots (maux).

Où se trouve le pays des droits de l'homme ? Je croyais y être… Alors, qu'en est-il de ceux des enfants ?

Mais cet objet est aussi le jouet préféré de mon enfance. Alors ? Je regarde cette agate, toute lisse, elle roule sous mes doigts. Elle me murmure :

Publie ! C'est Ta liberté pour souhaiter plus d'égalité et de fraternité.

Publie ! Rends hommage à ta mère, Françoise. Sa mort ne sera pas vaine et tu lui rendras justice. À toi aussi, puisque celle des Hommes a failli.

Publie ! Le courage d'aller au bout de cet ouvrage est ta revanche.

Ma revanche… elle aurait été impossible sans ceux, fidèles, autour de moi, sans leur soutien et leur amitié.

Ma sœur Titi, sans aucun doute, qui croit en moi et inlassablement relira mes écrits avec une objectivité parfois sévère. *Vingt fois sur le métier remettez votre ouvrage.* Un adage de bon sens, certes ! Mais il faut admettre l'imperfection. L'Homme est imparfait et heureusement. Une fois de plus aurait probablement été de trop, l'imperfection de ce livre est aussi son originalité.

Sa fille, qui aimablement a consenti à donner par le dessin la touche naïve de la jeunesse en acceptant de réaliser la première de couverture. Une occasion ainsi d'activer la mémoire intergénérationnelle. Nous étions soufflées et subjuguées de voir notre réalité.

Julia, psy spéciale ! Jamais loin et toujours là au bon moment. Une synchronicité de plus ou un biais de confirmation ? (Effet nommé par les sociologues suite à l'histoire des pare-brise de Seattle). Le fait est pourtant avéré. Tu m'envoies ce jour une photographie, une bille trouvée dans le jardin de tes parents, précisément au moment où je me creuse la tête pour te citer. Au-dessous un commentaire : *les billes sont un symbole d'unité.* Une fois de plus, si le doute m'assaille, si l'angoisse m'envahit par manque de confiance en moi, en le voulant ou non, tu trouves le moyen de me redonner l'élan. Gratitude à toi.

Et vous David, plus qu'un ami, un mentor. Un veilleur, un éclaireur, un modèle de justesse pour moi. À chacune de mes marches gravies, vous êtes là, tout près. Les marches du Panthéon j'entends ! Je n'aurais pas rêvé mieux que la main tendue du grand homme que vous êtes.

Comment mettre un point final à ce livre, sans mentionner l'aide morale et pragmatique de certains, certaines près de moi ? Impossible. Je ne peux pas tous les citer mais les potines ne sabreraient plus le champagne avec moi si je ne le faisais pas. Ma cousine, mon fils et mon autre sœur ne me bousculeraient plus si par malheur le vague à l'âme me gagnait. Mes petits garde-fous pour que je puisse toujours… être debout.

Il ne peut y avoir le bonheur de certaine rencontre sans avoir connu le malheur de certaine autre. Alors, à tous ceux qui m'ont prodigué soit du bien, soit du mal, je dédie cet ouvrage.

La rencontre

*L'amour est une loterie où celui qui gagne,
gagne la mort !* Alexandre Dumas

1

Rend compte (rencontre absurde)

Tonia marche le long d'un chemin. Sur sa droite se trouve un grand lac artificiel, sur sa gauche quelques arbres séparent ce lieu magique d'une nationale en sourdine. Tout est blanc. La neige a nivelé les défauts urbains, étouffé les sons citadins. C'est immaculé. C'est doux. C'est blanc, et le soleil chauffant étincelle ce manteau neigeux. Au travers de ses lunettes de soleil, elle est sereine, respire le bon air et s'émerveille de ce petit coin de paradis : les rives des lacs du sud de l'Essonne.

Elle marche tranquillement, la tête vide. Elle profite de ce moment magique qu'elle s'octroie. Elle se perd volontairement dans le paysage, s'abandonne pour le ressentir pleinement : la brindille, la goutte d'eau, le crissement de la neige sous ses pas, les glissades des poissons sous le lac pas encore gelé. Elle écoute le silence. Le silence neigeux est un joli son. Elle a un rendez-vous avec elle-même.

Soudain, une pression ressentie dans son dos la fait sursauter. Elle se retourne et cherche l'auteur de ce malaise. Personne, rien. Elle se dit alors que son évasion introspective lui joue des tours. Partie aux tréfonds d'elle-même, son esprit a fait jaillir une main sortie de son subconscient pour l'appeler à revenir sur terre, à l'ici et maintenant, à l'instant présent. Pourtant, elle y est pleinement, en harmonie avec tout ce qu'elle offre. Ses sens sont-ils trop aux aguets ? Elle poursuit son chemin, galvanisée par l'environnement. Quand, soudain, elle ressent une nouvelle fois cette pression dans le dos qui la bouscule. Elle cherche cet intrus invisible qui se complaît à malmener sa quiétude. Mais…, personne. Son subconscient a bon dos. Il n'a quand même pas le pouvoir et la puissance de la bousculer. Alors, consciente de l'absurdité de la situation, elle tente une… absurdité :

— Y a-t-il quelqu'un ? Qui êtes-vous ?

Devant elle, l'absurde se matérialise. Surprise, elle questionne :

— Bonjour, qui es-tu ?

— Une enfant, j'ai sept ans, répond d'un air effronté une enfant.

— Certes ! Je le vois bien, tu es une petite fille, mais d'où viens-tu ?

— Eh bien de toi ! Regarde-moi. Je suis brune comme l'ébène, j'ai les lèvres rouges comme le sang et la peau blanche comme la neige.

Tonia est sidérée, mais ces paroles l'attestent, cette allure et cette plastique l'attestent : c'est elle, enfant. C'est elle ! Incroyable ! Sans réfléchir elle répond :

— Comme Blanche-Neige, le conte des frères Grimm. Comme LA Blanche-Neige de ton papa.

— C'est ça ! Papa m'appelle comme ça. Parce que j'ai les cheveux très noirs et la peau blanche comme maman, la peau des Normands.

Tonia rit jaune intérieurement. Ce surnom est une tendresse paternelle, probablement. Mais du même coup, une image, une identification féminine subversivement semée dans son subconscient. Sa réaction est alors sans appel et du tac au tac elle répond à la petite :

— Hum, tu es Tonia tu sais, pas Blanche-Neige. Crois-tu que servir sept nains avec bienveillance te protégera de la trahison, de l'abandon, de l'humiliation, de l'injustice et du rejet ? Crois-tu au prince charmant fringuant venant te délivrer et panser tes blessures ? C'est un conte, une histoire. Alors, il vaut mieux te préparer à ça !

La petite, estomaquée, les yeux noircis, n'est plus du tout sûre d'être ce qu'elle prétend être.

— Pourquoi tu m'appelles Tonia ?

Devant la réaction de la petite, Tonia se radoucit. Elle y a été un peu fort. Alors, elle tend la main à la petite fille maintenant hésitante. Qui de plus, elle le sait, ne doit pas faire confiance et parler aux inconnus.

— N'aie pas peur An-to-nie-tta. Tu ne risques rien, je vais prendre soin de toi.

— Tu m'connais ?

— Oui, très bien. Tu es moi. Tu l'as dit, tu es sortie de moi.

La petite la dévisage. Tonia sourit de se voir avec ce faux air revêche et rebelle qu'elle affiche en mettant ses deux poings sur sa taille et en pinçant ses lèvres. En revanche, elle s'étonne de voir son propre regard en amande, déjà extrêmement triste, sans profondeur encore, plutôt vide. La petite tend son index accusateur.

— Ton visage est plus creux, tes cheveux ne sont pas noirs, par contre ta peau est blanche. Tes yeux, eux, sont profonds et tristes, pourquoi ?

Cette réplique oblige Tonia à un temps de pause avant de répondre. Cette petite a, semble-t-il, une maturité émotionnelle

supérieure à celle de son âge. Elle la fixe. C'est elle petite, alors ?
Une situation inédite, absurde, voire burlesque.

— Oui. Je dirais plus justement un regard profond et mélancolique.
C'est le reflet, l'expression de mon âme, de ton âme. Plus tard.

— Pourquoi ?

Tonia tend une main plus impérieuse. Elle a froid et marcher
réchauffe.

— Prends ma main, je vais tenter de te raconter ton histoire en
marchant. Tu ne risques rien ici.

La petite fille prend la main… sa main de quarante-quatre ans
plus vieille. Elle semble mal à l'aise en marchant, elle se tortille.
Devant le regard interrogateur de Tonia, elle précise :

— J'aime pas les collants. Maman me met toujours en jupe… les
collants, ça tombe.

Tonia acquiesce en souriant. Elle se baisse afin de rhabiller la
petite fille et remonte son collant pour recouvrir son petit ventre à
l'air. Elle sait très bien la gêne suscitée par ce sous-vêtement. Puis,
elle prend sa grande écharpe, lui fait un sur-manteau avec, en la
nouant dans son dos. Ainsi, elle aura bien chaud et son collant ne
tombera plus. Enfin, elle tire sur les manches de son sous-pull pour
recouvrir ses mains après les avoir vigoureusement frictionnées
dans les siennes.

— Tu as froid. Tiens, prends ce mouchoir, ton nez de Blanche-
Neige coule ! C'est moins glamour, tu sais.

— J'sais pas si j'ai froid, mes habits m'gênent. J'aime pas, papa
veut toujours que je sois bien habillée… ça m'énerve. J'peux pas
jouer dans la cour comme j'veux. Mais je joue quand même avec
les garçons, aux billes et à la bagarre. Des fois, j'troue mes collants
aux genoux et j'me fais gronder par maman. Moi j'suis contente,
comme ça, j'mets un pantalon ! C'est quoi glamour ?

— Sexy, pour plaire aux garçons justement, pour être bien mise,
bien habillée, pour être bien présentable. C'est important aussi,

même si c'est moins confortable et loin de tes préoccupations aujourd'hui, j'en conviens. C'est normal. Plus tard, tu verras, tu aimeras ça. Les collants auront bien évolué, ils ne descendent plus.

— Ben, j'm'en fiche, moi. J'veux savoir m'défendre, défendre maman et travailler bien à l'école pour avoir un travail bien.

— Sais-tu ce que tu aimerais faire ? C'est quoi pour toi, un travail bien ?

— Non, j'sais pas. J'aime bien le calcul, j'aime bien compter, j'aime bien faire les cartes des pays aussi et l'histoire de la France : les rois, tout ça. Un travail bien, c'est un travail où j'm'amuse, où j'pourrais faire des choses pour tout le monde.

Tonia se souvient et rigole, les cartes des pays, jamais satisfaite. Elle recommençait et recommençait pour avoir un dégradé et un camaïeu de couleurs entre les continents et les océans, bien estompé… Elle voulait la perfection.

— Oui, les maths, la géométrie et la géopolitique, l'économie et l'informatique, tu aimeras ces thématiques.

— C'est quoi l'informatique ?

— L'informatique ? Ah ! C'est l'évolution, il ne faut pas en avoir peur. Tu n'en auras pas peur d'ailleurs. Bien au contraire. Tu aimerais faire du sport ? As-tu pensé à une discipline à pratiquer ?

— De la danse, j'adore danser. J'pense pas quand j'danse. J'aime bien courir aussi. Le plus vite possible.

— Oui, je m'en doute. Tu réaliseras ce désir, celui de danser, par exemple. Tardivement et d'une façon inattendue. Mais tu feras d'autres sports, tu les aimeras finalement tout autant. Par contrainte au début. Puis, par envie. Tu es sportive et fairplay.

— J'ferai quoi ? Fairplay ? Ça veut dire quoi ?

— Fairplay ? Tu as la gagne en toi, l'esprit compétitif, et tu es bonne joueuse. Ce n'est pas un défaut. Tu acceptes la défaite face à plus fort. Tu iras plutôt féliciter cet adversaire et essayer de comprendre pourquoi il a été meilleur. Apprendre de lui.

— Ah, c'est chouette, j'aime bien gagner aux billes déjà ! Je veux être la meilleure.

— Hum, pourquoi est-ce si important pour toi ?

— Eh bien… papa et maman ne peuvent pas m'acheter de billes. Je n'ai pas demandé de toute façon. Au début, je regardais les copains jouer et l'un d'eux m'a donné trois billes. Alors, pour continuer à jouer, il ne fallait pas les perdre et en gagner d'autres. J'fais attention, pour en garder toujours au moins trois à la fin de la journée. Pour jouer toujours. Je vais jouer à quoi après ?

— Au basket-ball. Tu feras de la natation en plus, pour ton dos, tu as une scoliose. Puis du handball, des sports où il faut courir vite. Je te le confirme, ça sera ton point fort. Ta détente et ton adresse aussi. Puis, plus tard, tu continueras de courir, moins vite et plus longtemps, du footing autour de ces lacs, justement. Un jour, tu arrêteras de courir. Et puis, si l'arbitre ne sanctionne pas l'injustice ou la triche, tu auras tendance à te faire justice toi-même. Là, tu seras capable du pire, ce qui te vaudra des cartons jaunes, voire rouges.

— Ben, c'est normal non ?

— Oui, enfin… Tout dépend de la façon dont tu le feras ! Les poings, la colère et la rage ne règlent rien. Retiens ça ! Je te plante une graine. Je vais te planter plein de petites graines, d'accord ? Comme ça, de petites voix te parleront à l'intérieur de toi pour t'éviter de faire trop de bêtises. Ces petites graines seront de petites pensées. Ces pensées induiront des actions. Elles forgeront des habitudes, des valeurs, des croyances, un socle auquel il faudra croire, t'accrocher pour ne pas te laisser aller à ton caractère rêveur, à ta tendance d'enjoliver la réalité et te faire des illusions. Tu n'auras pas beaucoup de références. Alors, il te faudra le construire. Ce socle te permettra d'avoir de l'intuition. Enfin ! Cette force intuitive… vois-tu, te permettra d'avancer dans la vie avec un caractère volontaire et courageux.

— D'accord. Mais j'rêve pas moi, alors ?

— As-tu un amoureux dans ton école ?

— Non, j'ai mes copains, pas d'amoureux, beurk ! J'aime bien celui qui m'a donné les billes. Dis-moi, il est toujours ton copain ? Tu le vois encore ?

— Ah ? Euh, non, tu ne te souviendras pas beaucoup de cette époque. Tu oublieras même avoir été dans cette école. Tu te souviendras seulement de la cour avec le grand arbre au milieu, au pied duquel vous faisiez le pot avec tes copains pour jouer aux billes.

Tonia baisse la tête, nostalgique. Pas un seul de ces visages ne lui revient en mémoire. Pas même de celui qui lui a permis de jouer aux billes, sans qu'elle le réclame.

— Ah ! Oui, évidemment, pas d'amoureux, pas encore. Tu rêveras d'un futur plus tard. Tu auras des projets pour ça. Aujourd'hui, tu as toujours peur, tu es préoccupée par l'instabilité et la violence familiale dans lesquelles tu vis. Tu as peur de rentrer dans ta maison où tu ignores l'ambiance dans laquelle tu seras plongée en rentrant de l'école. Tu ne sais pas si ton papa va être de bonne humeur ou non, s'il va frapper ta maman ou non, s'il va boire beaucoup d'alcool ou non et si tes parents vont s'occuper de toi ou si tu vas devoir te faire toute petite, invisible. Tu as peur d'avoir de mauvaises notes, d'être punie et de devoir faire plein d'exercices. Tu t'inquiètes aussi pour tes petites sœurs jumelles et ton petit frère bébé. Avec toutes ces préoccupations, je me demande encore comment tu arrives à te concentrer à l'école !

La petite fille baisse la tête et la relève d'un air effronté, le regard noir et sombre, ses deux poings sur les hanches, jambes écartées, prête à bondir, elle rétorque.

— Comment tu sais ? Je ne dis rien d'tout ça ! Personne ne doit savoir.

Tonia s'arrête, s'accroupit pour serrer dans ses bras la petite qui, en colère, la pousse. Elle perd l'équilibre et se retrouve les fesses enfoncées dans la neige. Elle rit aux éclats, prend de la neige, fait une boule avec et la jette sur la petite. Cette réaction la surprend et elle finit par rire… enfin… aussi. À son tour, la petite fille prend de la neige, confectionne une boule et la jette sur son double adulte. Une bataille s'engage qu'elles font en riant. La petite, essoufflée, se blottit alors dans les bras de Tonia. Avec tendresse, celle-ci la serre fort contre elle. Lui frotte le dos. Elle le sait, elle ne jouera jamais dans la neige avec ses parents.

— Ne t'inquiète pas. Tu vas être forte et tu auras la chance d'avoir une belle étoile. Tu as la *buona fortuna* et de bonnes intuitions. Fie-toi à elles, même si à un moment dans ta vie des personnes te feront douter de ta valeur. N'oublie pas ta tante, ta tante de Bièvres. Ne l'oublie pas. C'est une graine.

— Oui, je l'aime bien cette tata, mais papa veut pas la voir.

— Oui, c'est vrai. Ton papa fait le ménage autour de ta maman. Ainsi, elle n'a plus de repères, plus de soutien de ses proches. Tu pourras profiter de cette tata, bientôt, beaucoup. C'est elle qui t'appellera Tonia. Elle te fera très mal aussi, bien plus tard, plusieurs fois. Mais elle est une chance pour toi, elle t'apportera énormément et le plus important, de l'amour. C'est une sorcière, comme toi. D'ailleurs, petite, tu la nommeras la Dame Blanche, puis Tata Jeje.

— J'aime bien Tonia. Pourquoi tu dis sorcière ? C'est méchant les sorcières.

— Pas du tout ! C'est ce que les humains essaient de faire croire. Une sorcière c'est une femme indépendante, libre, instruite, très intuitive, spirituelle. Une femme moderne, en avance quoi ! Elle voit les choses sous plusieurs angles, une visionnaire.

La petite hausse les épaules. Elle hausse souvent les épaules. Tonia s'en amuse, s'approche et le dos courbé, imite une sorcière.

— Queue de citrouille, abracadabra ! Si je t'attrape, c'est toi que je transforme en carrosse, Blanche-Neige !

La petite court pour lui échapper et, à nouveau, hausse les épaules, les deux poings sur les hanches.

— Ah ! Na ! Ben attrape-moi alors ! Sorcière ! Il est où ton balai ? Tu ne cours pas très vite.

Tonia essoufflée, lui rétorque :

— Heureusement, tu vas remplacer cette habitude de lever les yeux au ciel en faisant la moue. Puis, avec le temps, tu deviendras plus fine et plus cynique aussi. Je ne cours plus aussi vite ! Ben oui, je vieillis.

— C'est quoi cynique ?

— Une façon de répondre avec un peu plus de tact, de douceur. C'est un mélange d'humour pour enrober certaines pensées, des choses dérangeantes. Tues, des vérités tuent. En général, cela ne fait pas du tout plaisir. Tu verras, souvent Tata Jeje te dira de tourner sept fois ta langue dans ta bouche avant de parler. Et d'autres te répéteront *toute vérité n'est pas bonne à dire, Tonia !* Toi, tu penses tout le contraire.

— Ben oui, faut dire la vérité. Il ne faut pas mentir ? C'est bête de mentir ?

— Ah ! Je tiens ça de loin alors ! Effectivement, tu penses qu'il faut dire les choses par loyauté. Surtout à ceux auxquels nous tenons le plus. Tu vas trouver pourquoi tu penses comme ça.

— Dis-moi ?

Elle rit et ne peut s'empêcher la boutade en réponse à cette interrogation, qu'elle emploie encore aujourd'hui, un tic de langage.

— Moi !

— Pff, n'importe quoi !

Pas de doute, cette petite est bien elle. Elle poursuit sérieusement cette fois :

— Ne pas dire la vérité, c'est manquer de respect d'une certaine façon. Ne pas la dire, c'est mettre l'autre dans l'incapacité, l'impossibilité de l'entendre. Tu lui manques de respect en le prenant pour un idiot d'emblée. Ainsi, tu lui ôtes, enlèves, retires une liberté essentielle : celle de pouvoir entendre, comprendre et d'être d'accord ou non, de se construire avec, quand elle est vraie et sans appel. C'est injuste et indigne de ne pas la dire. Maintenant, c'est vrai, il vaut mieux parfois taire une vérité pour ne pas mentir. Soit parce qu'elle est trop dure à dire, soit pour ne pas faire mal à l'autre. Cela dit, méfie-toi de ceux qui taisent leurs vérités pour ton prétendu bien. C'est à eux qu'ils font du bien d'abord, pas à toi.

2

La vérité

Tonia s'assoit sur l'un des bancs longeant ce beau lac en attirant la petite près d'elle.

— Viens plus près. Sois attentive. Bientôt, quand tu auras passé tes huit ans, ta maman va partir au ciel pour toujours, elle ne sera plus avec toi physiquement, plus jamais. Ton papa va éteindre la lumière de sa vie. Elle partira ailleurs, pour vivre une autre aventure. C'est très dur et c'est la vérité.

Tonia retient son souffle, ces paroles sont déstabilisantes, peut-être même violentes mais elles sont vraies, quoique très imagées.

— De toute façon maman n'a pas envie de vivre. Elle souffre trop. Alors ? … Elle s'en fiche de nous. Il n'y a rien dans ses yeux et elle est toujours énervée après nous. Parfois, elle est méchante.

Cette réaction est inattendue et abrupte. Tonia la prend comme un coup de poing dans l'estomac. Sa vérité à cette époque dite avec la colère d'une petite fille déjà abandonnée.

— Ne lui en veux pas trop, d'accord ? Elle fait ce qu'elle peut. Essaie de te souvenir de ça aussi. Elle fait ce qu'elle peut. Comme tu l'as dit, elle souffre, et cela ne fait pas d'elle une mauvaise personne ou une personne méchante. Elle ne l'est pas du reste. Elle est très fatiguée et abîmée.

Comme si elle était prise en défaut, la petit se blottit dans les bras de son double adulte et ajoute tristement :

— Parfois, elle est là, mais c'est comme si elle n'était pas là. J'aime bien mon papa lorsqu'il est gentil. Alors, j'apprends la bagarre, pour elle, pour la défendre. Pour me défendre aussi un jour ?

— Tu ne peux pas la défendre, ce n'est pas ton rôle, ce n'est pas à toi de la sauver, tu comprends ? Rien de tout ce qui arrive dans ta maison et tout ce qui va encore arriver jusqu'à la fin ultime, le drame, n'est en aucun cas de ta faute. Tu n'es pas responsable. Tu n'es pas responsable de la vie de tes parents et de ce qu'ils en font. Retiens bien ça, aussi. Ce n'est pas de ta faute. Ton papa et ta maman t'aiment mal, mais ils t'aiment, ils ne savent pas le dire, ils ne savent pas bien le montrer. Ils souffrent tous les deux. Tu sais, une dame dont j'ai fait la connaissance depuis peu, m'a dit *il n'y a pas de mauvaises ou de méchantes personnes, il n'y a que des gens qui souffrent, limités par des siècles de croyances et de non-dits.* Tu comprendras cela plus tard. Les silences sont les maux les plus douloureux. Il y a même un mot pour le qualifier aujourd'hui, *ghosting*. Malheureusement, dans ce monde dans lequel tu vas vivre, beaucoup de gens souffrent. Au début, tu ne le verras pas. Puis, un jour…

— J'ai froid. J'vais m'faire gronder. Il est tard. Regarde ! Il commence à faire noir. Je n'aime pas trop être dans le noir et rester là.

— Il y a de la lumière, regarde les réverbères. Je suis là, nous sommes près d'un lac, c'est tout. Nous sommes, là, juste toi et moi. Le temps n'a pas de sens pour toi, c'est ça… pas encore, cette notion t'échappe. Fais-moi confiance, je suis la seule qui jamais ne t'abandonnera, ne te trahira ou ne te rejettera ; je suis toi et ta meilleure amie. Tu ne risques rien avec moi. Le temps est suspendu, arrêté. Je veux croire une nouvelle fois à notre belle étoile, es-tu d'accord ? Elle brille, pour preuve cette chance de pouvoir nous rencontrer, de pouvoir bavarder toutes les deux. D'ailleurs, avec beaucoup de maturité et de précocité de ta part, c'est troublant du reste. Mais c'est une chance de pouvoir te planter pleins de petites graines pour te guider. Je te prépare à être moi.

— J'comprends pas tout, quand même !

Véhémente, Tonia reformule :

— Tu vois ? Ce temps accordé est une grâce, comme un miracle. Ainsi, je te prépare à être celle que je suis aujourd'hui et j'espère pouvoir aussi te donner un peu de joie. C'est une aubaine et une bénédiction de pouvoir avoir cet entretien, cette rencontre. Tu comprends maintenant ?

— De nous parler, c'est ça ?

— Oui ! Et de pouvoir nous amuser aussi ! Rends-toi compte ! Je ne peux rien changer aux évènements que tu vas devoir vivre, ce sont les aléas, les accidents de la vie. En revanche, je peux te donner la force de tirer le meilleur de chacune des situations. Celles-ci vont te permettre de devenir une grande et bonne personne.

— Tu n'es pas si grande !

— C'est vrai ! Physiquement. Mais ta tête, ton âme et ton cœur, eux, grandiront beaucoup, toujours. Tu vas apprendre, de toutes tes rencontres, toutes tes actions ne seront pas vaines. Tu vas comprendre beaucoup de choses sur les gens, sur le monde et sur toi. C'est merveilleux. Ce sont les épreuves. L'une d'elles sera plus dure et plus violente, TA grande épreuve de vie.

— Quand maman va partir ? J'ai froid. C'est mon épreuve ?

Tonia se lève et prend la petite dans ses bras. Elle la trouve plutôt légère en comparaison de son fils au même âge.

— Effectivement, c'est ta première grande épreuve et tu la passeras plutôt bien, vu les circonstances, et en partie grâce à ta tante. Tu en auras d'autres, marquantes et difficiles, dont tu sortiras plus forte, plus optimiste encore. Tu rebondis très bien grâce à ta confiance en la vie. Tu la regardes et la souhaites toujours meilleure.

— Je vais avoir plein, beaucoup de chance alors ?

— Euh ! Des fois oui et des fois moins ! Comme tout le monde. Tu sais, nous ne gagnons pas à tous les coups.

— Ah, je comprends, c'est comme quand je joue aux billes ! Parfois, il y en a qu'une à gagner, et à d'autres moments, c'est beaucoup plus. Pfff ! Quand j'en perds, ça j'aime pas.

Elle dit cette dernière phrase en fronçant les sourcils et en pinçant ses lèvres.

— J'aime pas trop perdre en vrai !

— Oui, je sais bien, ce n'est pas drôle de perdre. C'est pourquoi tu refuses de regarder en bas, pire que toi. Tu ne supportes pas l'expression *il y a pire*. Il y a mieux aussi. C'est plus risqué, plus courageux. Tu prendras des risques pour avoir plus de billes.

— Je vais me marier ? Comme une princesse ?

Tonia manque de s'étouffer. Elle avait oublié ce délire de princesse !

— Puis, tu crois et espères secrètement l'amour avec un grand A. Jusqu'à… enfin, jusqu'à tes quarante-sept ans. Tout va basculer… et violemment en plus. Tu prendras conscience de la notion du temps, de tes illusions, de tes rêves. Ce voile va se déchirer brutalement. Tu es légère comme une plume, Blanche-Neige !

— Arrête ! J'ai compris ! Blanche-Neige c'est pas moi. J'mange souvent du pain dur et du sucre, le soir. C'est quoi qui va basculer ?

— Oui, d'ailleurs tu auras quelques séquelles de malnutrition à traîner. Alors, essaie de te nourrir correctement après, enfin ! Après, cela signifie quand tu seras chez ta tante, écoute-la. Même si tu n'aimes pas la viande par exemple, mange de tout, d'accord ? Pas de fraises, c'est tout.

Tonia lui fait un clin d'œil.

— Une petite graine dans ton cerveau.

— Tu m'emmènes où ? J'ai jamais mangé d'fraises, répond-elle surprise.

— Dans ma maison et je vais te faire un bon repas. J'ai justement cuisiné un gâteau de courgettes aux lardons. Quant aux fraises, tant mieux si tu n'en as pas encore mangé. Le jour où tu vas y goûter, tu vas devenir aussi rouge qu'elles et tu vas gonfler comme un ballon de baudruche, tu es allergique. Je te le dis mais tu vas les manger quand même et avec plein de chantilly en prime.

— Des courgettes ? C'est quoi ?

— Un légume vert, tu vas aimer.

Tonia entre dans sa voiture et attache la petite à l'arrière.

— Tu conduis une voiture ? Elle est drôle ta voiture. Pourquoi tu m'attaches ? J'ai rien fait d'mal.

—Non, tu n'as rien fait de mal, je t'attache parce que c'est la règle. Le code de la route l'impose. Sinon, la police va me mettre une amende. Je t'attache pour la sécurité. Aujourd'hui, il y a beaucoup, beaucoup trop de voitures. Plus il y en a, plus le risque d'accident est grand. Alors, maintenant, nous sécurisons les voitures par exemple. En fait nous sécurisons tout, trop. Cela entrave certaines libertés, empêche la prise de risques et de prendre des responsabilités.

— Une amande ? Le policier donne des trucs à manger pour encourager la sécurité ?

Tonia est déconcertée.

— Une amande, avec un *e*, c'est une contravention. Tu donnes des sous si tu ne respectes pas la loi. Mais l'idée d'être encouragée plutôt que punie est à creuser. Cela arrangerait certainement l'une de tes sœurs, elle collectionne les prunes.

— Je sais ce que c'est une amande à manger, pourquoi on dit prune ?

— Je ne sais pas. Regarde sur internet ! Ah oui, tu ne connais pas internet. Je te montre tout à l'heure. Ok ?

— Ok ! Je conduis alors ?

— Oui, tu conduiras dès l'âge de vingt-et-un ans. Tu travailleras pour te payer ce permis. Tu gagneras ce droit à la sueur de ton front. Tes copains et tes copines, eux, feront des stages de conduite payés par leurs parents pour leurs dix-huit ans et partiront en vacances. Tu seras fière de l'avoir payé grâce à ton travail.

— Maman n'aurait jamais le droit de conduire la voiture.

— Oui, il me semble qu'elle n'a pas le permis, d'ailleurs. Je me trompe peut-être ? Tu le sais toi ?

— Euh, ben non, elle ne conduit pas, c'est tout. Papa conduit.

— Hum, et même si elle l'avait, de toute façon, tu as raison, elle n'aurait pas eu le droit, comme un tas d'autres choses du reste, même pas celui de travailler.

— Elle le fait quand même à la boulangerie, en cachette, quand elle n'a pas trop de cocards sur le visage. L'autre fois, elle nous a apporté un carambar. C'est dur et drôlement bon.

— Ah oui ! Voilà pourquoi tu as un faible pour le caramel !

La petite s'endort durant le trajet. Elle la connaît, seulement d'un œil. Arrivée devant chez elle, elle a les yeux grands ouverts.

Quand elle entre dans l'appartement, elle s'engouffre dans toutes les pièces, les regarde attentivement et s'écrit :

— C'est joli ! On dirait une maison qui n'existe pas. Tu crois que j'suis dans un rêve ?

— Je ne sais pas. Nous faisons le même, alors. Ta réaction est normale, c'est sûr, tout n'existe pas encore dans ton univers. Écoute, nous allons manger d'abord, ensuite tu vas prendre une bonne douche chaude et je vais te trouver quelque chose pour être à l'aise. Ensuite, tu poseras toutes les questions, d'accord ?

— D'accord !

Tonia voit bien son excitation face à certains appareils. Elle se dit, pour se rassurer probablement, que de l'avoir amenée chez elle et lui montrer la modernité, devrait aiguiser son esprit visionnaire. À table, l'une en face de l'autre, elles se dévisagent. La petite trouve rigolo d'être assise sur des chaises de bar pour manger. Elle mange doucement. Elle n'aime pas trop manger.

— C'est bon. Tu as quel âge maintenant ?

— Aïe ! Cinquante-deux ans, bientôt.

— Tu es vieille alors. Moi, je vais avoir huit ans bientôt !

— Eh bien, je te remercie. Tu me trouves vieille ?

— Je trouve que tu fais plus jeune que maman. Elle est vieille aussi maman.

— Maman n'est pas vieille tu sais, elle n'a que vingt-sept ans, ce n'est pas beaucoup dans une vie.

La petite la regarde étonnée. Elle prend conscience de se voir à plus de cinquante ans et de faire plus jeune que sa maman avec une bonne vingtaine de moins.

— Le monde moderne dans lequel tu vas évoluer permet de vivre plus vieux, en meilleure santé et plus longtemps.

— Tu vis toute seule ? Il est où ton mari ? Tu n'as pas d'enfants ? Moi, j'en veux pas en tout cas.

— Pas tout à la fois, tu es curieuse, c'est très bien. Finis d'abord de manger, tu veux bien ? Un petit yaourt avec de la confiture ?

Elle sourit en signe d'approbation. Puis, Tonia la conduit sous la douche et la laisse. Elle n'apprécierait pas son aide, elle le sait, la petite se débrouillera très bien. Elle se débrouille toujours. Elle soupire à cette pensée.

— Je n'ai jamais pris de douche, c'est bizarre. Nous, on a une baignoire. Maman me met dedans avec mes sœurs.

— Tiens, mets ça, cela devrait aller. Tu es d'accord de dormir avec moi dans mon grand lit ?

Elle répond oui avec un signe de la tête d'où les cheveux dégoulinent d'eau, en se dirigeant vers le salon.

— Tu m'as dit que tu me montrerais ça ! C'est quoi ce cadre ? Et ça à côté ?

Tonia attrape une serviette pour lui sécher sa tignasse coiffée à la France Gall et allume le cadre, qui est en fait la télévision. La petite est ébahie, c'est en couleur, une télécommande change les chaînes, beaucoup de chaînes. Elle est émerveillée par le son, surtout. Pour elle, le son est important. Tonia lui raconte alors, à l'aide de son ordinateur, l'internet, l'évolution de la télé, de l'informatique et de la musique. Elle est abasourdie. Elle, qui ne connaît que le tourne-disque. Écouter une musique moderne sur une enceinte Bluetooth relève de la magie !

— J'te crois maintenant, tu es une sorcière !

Tonia éclate de rire.

— Nous cherchons pourquoi nous disons *prune* ?

Aguerrie à l'informatique, l'adulte la guide. Ainsi, elle observe et apprend en le faisant toute seule. Elle aussi apprend, elle ignorait l'origine de cette expression : *Lorsque l'on écope d'une amende, familièrement, on dit qu'on a pris une prune. Le rapprochement entre la contravention et ce fruit tire ses origines du Moyen Âge. Il fait référence à un coup qui fait mal (surtout au portefeuille), la prune désignant depuis le quatorzième siècle un coup de poing ou de pied.*

— Grâce à toi, je me coucherai moins bête qu'au réveil, merci. Il est très tard ou très tôt, normalement tu devrais être au lit depuis très longtemps. Allons dormir.

— D'accord ! Mais pourquoi tu m'dis merci ?

— Un truc à moi, à nous. Quand quelqu'un remplit mon puits d'ignorance, je le remercie. Je me sens plus riche en savoir. C'est important d'apprendre, toujours, chaque jour…

Dans le lit, la petite se met sur le ventre et enlève l'oreiller pour être bien à plat et s'endort rapidement. Tonia la regarde, la dévisage, lui caresse la joue et lui donne un baiser. Une idée lui traverse l'esprit : et si à son réveil, elle avait disparu ? Elle a encore tant de choses à lui dire. Elle inspire profondément en regardant le plafond, espérant qu'elle sera encore près d'elle le jour levé.

3

S'apprivoiser

Au petit matin, la petite se lève d'un bon et secoue Tonia.

— Eh ! Tu dors ?

— Eh bien, plus maintenant ! Bonjour. Tu sais… tu n'es pas obligée de réveiller tout ton entourage quand toi tu ne dors plus ! Je prêche dans le vide, c'est un truc incompréhensible pour toi.

— J'sais pas, bonjour, bonjour… tu t'lèves maintenant ? dit-elle en tirant sur les draps.

— Tu as l'humeur primesautière ce matin. Allez, je me lève.

La petite est déjà habillée et dans le salon pour mettre de la musique, elle trouve génial l'enceinte Bluetooth. Tonia est tout aussi rapide.

— Laisse ça. Viens, nous allons chercher un bon petit déjeuner.

Sur le chemin de la boulangerie où elle sait qu'elle va éveiller sa gourmandise, la petite questionne.

— Tu es sûre que nous sommes suspendues dans l'air du temps ? J'voudrais pas m'faire gronder, ou pire ! S'il arrive quelque chose à maman ?

— Eh bien, je ne vois pas d'autre explication. C'est impossible d'être là toutes les deux.

— J'ai réfléchi. Toi, c'est moi quand j'suis vieille.

— Oui, tu es dure, je ne suis pas encore très vieille. Tu te plais ?

— J'sais pas, en fait j'me suis jamais imaginée dans le futur.

— C'est normal. Et tu ne te projetteras pas dans le futur. Jamais. Il faudra une rencontre pour ça, elle va bouleverser ta vie, la faire basculer. Tu auras comme une vision à l'âge de quarante-sept ans. Je t'en ai déjà parlé hier.

— En bien ou en mal ? J'me rappelle pas qu'tu as raconté ça.

Tonia baisse la tête. L'arrivée devant la porte de l'artisan boulanger lui permet de ne pas aborder le sujet.

— Allez, entrons, croissant ? Pain au chocolat ? Choisis ce que tu veux, autant que tu veux.

Tonia lui offre un moment extraordinaire ; un moment où elle peut choisir ce qu'elle veut et combien elle veut. Elles sortent avec un bon paquet de viennoiseries, du pain frais et croustillant et des gâteaux à la framboise pour le déjeuner. Elles passent ensuite chez le primeur et chez le boucher.

Au retour, la petite marche encore plus vite, Tonia aussi.

— Sais-tu pourquoi tu marches si vite ?

— Je marche toujours vite, c'est ainsi.

— Je sais depuis peu pourquoi. Ton pied droit, principalement, est très creux, très cambré, comme ton dos. Tu manques d'équilibre.

Alors, si tu marches doucement, tu ne marches pas droit. Tu compenses ce manque d'équilibre en marchant vite, par la vitesse. Sinon tu pars en crabe, tu tournes en rond !

— Ah ! J'm'en fiche. Euh ! C'est bien ou pas ? J'ai surtout faim là, dit-elle en haussant les épaules.

Tonia sourit de bon cœur. C'est une bonne et saine raison. Devant le petit-déjeuner, elle ne boude pas son appétit, cette fois. Elle la freine, inquiète, son estomac ne va pas supporter ce trop-plein. Mais… la bouche pleine, la petite lui demande :

— J'vais bien travailler à l'école ? J'vais avoir un bon métier ?

— Ne t'inquiète pas pour ça, de ce côté-là tout ira bien. Même si je me demande encore comment tu as pu suivre tes études avec la tête dans les étoiles ! Tu auras beaucoup de chance et un bon cerveau bien malin. Une de ces chances se présentera dans ta carrière professionnelle, en la personne d'un directeur. Il te donnera cette confiance en toi dont tu manques cruellement pour monter de grandes marches. Tu l'estimes beaucoup, c'est un ami, plus, nous dirons un mentor, un guide, un modèle d'intégrité, de loyauté et de générosité. Il te donnera l'élan professionnel pour être là où j'en suis.

— J'ai des copains et des copines ? Beaucoup ?

— Beaucoup de copains. Pas de copines. Des amies, très peu, mais de vraies amies. Et pas d'amis finalement. Tu seras toujours, même dans ton travail, avec beaucoup de garçons.

— J'aime bien être avec les garçons. Je m'ennuie moins.

Tonia baisse la tête en signe d'approbation.

— J'dois faire la vaisselle ?

— Non, tu ne fais rien. Profite.

— Papa dit que tout le monde doit faire des corvées. J'fais la vaisselle. J'dois aussi cirer les chaussures de toute la famille, tous les dimanches matin quand je reviens du tiercé. Il m'emmène avec lui faire le tiercé dans le bar où habite *Zio* (oncle).

— Les corvées sont embêtantes et inintéressantes. Toi, tu fais en sorte d'en faire un jeu, pour t'amuser. Je me trompe ?

— Oui ! J'essaie d'imaginer des choses. Je joue à être… plein de gens de métiers différents, c'est plus amusant comme ça. J'essaie de trouver des trucs aussi pour aller plus vite et faire mieux.

— L'optimisation organisationnelle ! Déjà ! C'est une force. Garde bien ça en toi. C'est une différence essentielle, fondamentale. Grâce à elle, tu feras des choses auxquelles personne n'aurait pensé. Tu verras, motivée et sûre de toi, dans certains cas, tu seras capable de grandes choses. Tu feras partie des gens les plus productifs et créatifs. Ceux dont la culture est de croire profondément à l'exemplarité. Ne pas faire les choses inintéressantes forme les passifs qui cultivent la paresse. Pourtant, pour toi aussi c'est embêtant, alors tu le fais en t'amusant ! Il y a un adage auquel tu crois vraiment. Tu l'appliques pour essayer d'être juste et surtout pour ne pas avoir envie de te venger. *Ne fais pas aux autres ce que tu n'aimerais pas qu'ils te fassent.* Tu n'es donc pas rancunière et tu fais largement ta part en société. En tout cas, tu essaies le plus possible. Avec le temps, tu répondras par des bisous aux coups de poing. C'est une image et c'est très déstabilisant pour ton interlocuteur persécuteur, crois-moi !

La petite affiche un large sourire pour répondre à celui de Tonia.

— Il est où ton mari ?

— Dans sa maison, avec notre fils.

D'un air mêlé d'étonnement et de colère, les poings sur les hanches, elle rétorque sur le ton de la provocation.

— Ah ! J'ai un enfant alors ? J'en veux pas, j'veux pas avoir d'enfant ! Beaucoup n'sont pas heureux. Ils font semblant. Comment j'ai fait ? Et toi, pourquoi tu n'es pas dans ta maison avec eux ? Tu as abandonné ton enfant, alors ?

— Eh bien, j'ai divorcé. J'ai quitté mon mari et ma maison. Je ne pouvais plus rester. Je n'étais plus d'accord. Nous nous criions beaucoup dessus tous les deux. Lui, surtout, très, trop fort, et avec les années c'était devenu intolérable, alors… Alors, je suis partie. Et je n'ai pas abandonné mon enfant. Il était déjà grand, majeur, plus de dix-huit ans. Il a choisi d'être là où il voulait être, dans la maison où il a été élevé, *les mètres carrés et le confort* m'a-t-il dit. Puis, il aime ses parents, alors choisir ? En faisant ce choix, il a eu le sentiment de renoncer à certaines choses, d'où son sentiment d'abandon.

Elle répond cette fois, la tête baissée avec sa petite voix triste et résignée.

— Pourquoi maman ne part pas ?

Tonia prend la petite par la main pour l'installer confortablement sur le canapé du salon auprès d'elle. Elle lui fait mettre un fond de musique dont le son sort de la boîte à petits trous comme elle dit.

— Maman ne part pas parce qu'elle ne le peut pas. Elle a essayé, tu le sais bien. Tu te souviens de l'école en Normandie où tu as été ?

— Oui ! Nous étions chez mon grand-père. Il n'est pas très content, il ronchonne beaucoup. Il ne nous aime pas, je crois. Puis, papa est venu et nous sommes repartis avec lui. Il a promis qu'il ne boirait plus, qu'il ne crierait plus et qu'il ne taperait plus maman. C'est pas vrai. Et grand-père, il a dit à maman *tu l'as voulu, tu l'as choisi, tu l'as eu ! Ta place est avec ton mari !*

— Oui, ce n'est pas vrai. C'est même devenu plus difficile encore. Elle n'a pas la force de partir. Elle se sent piégée, non épaulée, peut-être… qu'elle ne veut pas l'être ? Elle s'est résignée, l'ultime étape après la résilience, je suppose. Elle se sacrifie. Elle pense ainsi vous sauver tous les quatre. Il faut beaucoup de courage pour quitter sa maison, son mari, ton papa. Elle l'aime très fort, dit-elle, malgré tout. C'est l'élu de son cœur, elle a choisi (toujours ce fameux choix impliquant un renoncement). Elle l'a piégé pour pouvoir faire sa vie avec lui, toi, enfin ! En tombant enceinte… le bébé c'est toi. Et elle le paie comme une dette de vie. Lui n'était pas prêt, très ambitieux. Il ne voulait pas d'enfants. Alors ? Tu es née en mars, ils ont dû se marier en janvier. Tu comprends ? Sans faste, sans belle robe, sans fête, pour la convenance. Il fallait faire vite. Le poids du qu'en-dira-t-on et des croyances familiales. C'est comme si elle avait misé trop vite sur le mauvais cheval. Comme au tiercé, tu comprends ? Et puis, elle ne peut pas partir sans toi, sans tes petites sœurs et ton petit frère bébé. Vous laisser tous les quatre avec ton papa ? Elle n'a pas d'argent puisqu'elle ne travaille pas. Elle n'est pas autonome, pas indépendante. Alors, comment va-t-elle pouvoir vous garder et travailler en même temps ? C'est difficile, très difficile. À moins de partir seule et de disparaître. Elle ne le peut pas, elle se sent responsable de vous, de la situation. Il lui manque l'envie et le courage. Elle a abandonné, renoncé. C'est son choix.

— Ben toi tu l'as fait ! Alors ?

— Oui, c'est vrai. En revanche, il y a des différences. D'abord, Tata Jeje m'a appris l'indépendance, l'autonomie, de se moquer du qu'en-dira-t-on justement. C'est une grande liberté d'esprit. De plus, les coups durs de ta vie vont t'apprendre à agir parfois avec résilience, parfois avec ténacité et parfois avec volonté. Tu essaieras, chaque fois que tu le pourras, de ne pas tomber dans le renoncement, la résignation ou dans le sacrifice. Tu évites la notion de choix, tu préfères la notion d'engagement sur une autre voie, un autre chemin, ainsi tu ne renonces à rien.

— C'est quoi *résilience*, dis-moi, j'cherche pas sur internet !

Tonia s'amuse de cette remarque.

— Ta capacité à savoir résister aux chocs désagréables ou traumatiques, entre autres. Mais attention, comme je viens de te le dire, cette capacité ne doit pas te conduire à la résignation ou au sacrifice, souvent c'est le cas. J'ai bien failli le faire si j'étais restée mariée justement. Elle doit te servir à rebondir, faire autrement pour changer ta trajectoire.

— C'est beaucoup du courage alors ?

— Oui ! C'est ça. Tu verras, les gens diront de toi que tu es méritante, battante. Tu ne lâches jamais rien, tu es tenace, patiente et avec une très grande force de résilience. Même s'il te faut des années, si tu as une idée en tête et si pour toi c'est juste, alors... ton fils est pareil. Aïe ! C'est aussi un défaut, ce besoin de contrôler les choses pour te rassurer. Si tu te trompes, tu apprends de ton échec, tu te remets toujours en question et tu recommences jusqu'à ce que tu obtiennes ce pour quoi tu te bas. Tu as du mal à lâcher prise, à laisser tomber. Alors... quand certaines choses t'échappent, comme par exemple, celle de ne pas pouvoir sauver maman, tu t'en voudras beaucoup et tu lui en voudras aussi beaucoup. Tu vas te sentir abandonnée et trahie. Tu seras très en colère, contre toi d'abord. Tu en voudras à ta maman, ton papa et surtout à la société, injuste dans son verdict. Tu combattras beaucoup l'injustice. Tu ne veux pas intégrer dans tes valeurs *c'est comme ça ! c'est la vie !* ou *il faut l'accepter*... Pour toi, tout est inacceptable si nous pouvons faire mieux.

— Tu combats comment ? Avec ton épée, là ?

Tonia la décroche de son mur, la prend et la brandit avant de la lui tendre.

— Elle est trop lourde ! s'exclame la petite déséquilibrée.

Tonia la lui rattrape des mains avant que la pointe ne touche le sol.

— Voilà ! Elle est trop lourde ! Les combats sont fatigants et inutiles. Avec l'exemplarité en partie et de bons sentiments, c'est mieux. Puis, je travaille, alors l'argent, même si tu n'y attaches pas une très grande importance, est quand même très utile. Ce moyen permet une plus grande autonomie et ça tu le comprendras quand tu vivras seule.

— Ben ça, je sais, papa crie souvent à cause de l'argent. On n'en a pas beaucoup, c'est dur à la maison parfois. Il est fier, il veut pas demander d'l'aide. Maman, elle va en réclamer à la mairie en cachette dès fois… alors ? Elle m'a emmenée une fois.

— Ah oui ? Tu es sûre ? Je ne m'en souvenais pas ! Eh bien c'est pourquoi tu travailleras tôt, toujours et beaucoup. Tu refuses de vivre aux crochets de personnes ou de la société. Tu n'aimes pas être assistée et tu auras du mal à demander de l'aide, probablement l'héritage de la fierté. Pour toi c'est un manque de dignité. Parfois, il le faudra et tu le feras, mais pas forcément pour toi. Tu apportes ton aide à des personnes, avec tes moyens. Certaines deviendront des amies. Et enfin, mon fils était plus grand, autonome, tu vois ? Il s'occupe de lui tout seul. Il était en colère, bien sûr. Il m'en a voulu, c'est sûr. Pourtant il a très bien compris pourquoi j'étais partie. Il a eu peur, je crois, de l'abandon. Lui a pu l'exprimer, je lui ai laissé la possibilité de le faire. Peur sans doute aussi du rejet. Qu'un autre amoureux prenne la place de son papa, et de ne plus compter si cela avait été le cas, était probablement inenvisageable pour lui. Je vais te dire un secret : un enfant, ton enfant est le seul être à qui tu peux porter un amour dit inconditionnel avec tes tripes, pur, authentique. Pour bien comprendre de quoi je parle, je vais te donner l'exemple des espèces animales, les chiens, les chats, eux sont capables de cette grande prouesse, bien plus que les êtres humains. Ils sont fidèles et toujours là sans jugement, sans rancœur, ils t'aiment, c'est tout. Alors, quand tu aimes vraiment ton enfant, peu importe s'il est exécrable, tu lui pardonnes toujours. Enfin, dans les limites de l'acceptable. Tuer pour moi ne l'est pas. Bien que ! La famille de ton papa lui pardonnera pourtant, considérant sa dette payée par ses maigres années de prison. Tu ne pardonneras jamais à ton papa cet acte, estimant cette dette trop faible et tu le lui diras à l'âge de quatorze ans, lors de sa sortie de prison où un juge vous obligera, toi, ton frère et tes sœurs à le rencontrer. Il s'adressera à toi et te tendra une somme d'argent : cinq cents francs ! Dégoutée, écœurée, tu lui diras très sèchement *tu ne rachèteras pas l'amour de tes enfants avec de l'argent ! Tu n'as pas assez payé ! Ta vraie dette est que tu n'auras jamais notre pardon !*

De ton point de vue, la justice a été laxiste. Ce verdict t'a plongée dans une grande colère et une rage farouche, envers lui surtout mais aussi le monde entier.

Choquée par ces paroles, la petite réplique :

— Mais comment t'as fait pour dire ça à papa ! J'imagine pô ! Pas du tout. C'est papa quand même !

Tonia comprend cette réaction, elle aime beaucoup son papa à cet instant malgré tout. Même si parfois elle le déteste aussi. Elle reprend, d'un ton plus doux.

— Avec le temps, tu le vivras bien, tu arriveras à te détacher de tous liens sentimentaux avec lui. À être complètement indifférente à son sort. C'est une victoire et une très grande liberté : l'indifférence, ne rien ressentir face au sort d'un autre. Tu ne lui veux pas de mal, pas de bien non plus. Rien. En revanche, tu n'arriveras pas à ce sentiment d'indifférence avec Tata Jeje, malgré des désaccords profonds qui vous sépareront longtemps. Tu finiras par lui pardonner pour être en paix avec elle mais tu n'oublieras pas le mal fait. C'est embêtant, cette incapacité à oublier le mal et la souffrance que les évènements t'infligent. Elle t'empêche d'avancer dans la vie. Pourtant, c'est bizarre, tu arriveras facilement à pardonner à ton ex-mari ce qu'il t'a fait. Il t'a laissé son nom, il est le père de ton enfant et il reste loyal envers toi. Aujourd'hui encore, si tu as des ennuis, tu peux compter sur lui, et lui sur toi, même si vous vous ne voyez que très peu. Bref, cultive bien cette mémoire, elle te sera très utile pour étudier. Enfin, vois-tu ? Ce n'est pas du tout pareil.

— Humm. En fait ton fils, enfin, j'veux dire notre fils a presque l'âge de maman ?

À ces mots, Tonia réfléchit. Elle imagine la souffrance d'une mère ou d'un père, si son fils partait dans trois ans… Son cœur se serre. Elle a beau ne pas avoir eu d'affinités avec son grand-père, elle pense à lui qui a perdu sa fille unique beaucoup trop tôt… Enterrer un enfant n'est pas le cycle normal, naturel dans la vie d'un être humain.

— Oui, c'est étrange de voir les choses ainsi. Comme je te l'ai dit, ce qui te paraît être vieux ne l'est plus aujourd'hui. Ce sont les progrès de la médecine. Nous vivons longtemps, plus nombreux et de plus en plus seuls. Un paradoxe !

— Il travaille alors ton fils ? Il a une femme et des enfants ?

— Euh non ! Il étudie encore.

Cette remarque est tout aussi déroutante pour Tonia. Son fils étudie encore. À trois ans près, sa mère était mariée et avait quatre enfants. Même en s'y mettant maintenant, il ne pourrait pas y arriver ! À nouveau, elle s'étonne de la capacité de la petite à intégrer toutes ces explications. Sûrement une capacité induite par cette pause dans l'espace-temps. Sa vie atypique l'a poussée aussi à mûrir plus vite.

— C'est long l'école ! J'vais faire tout ça aussi ?

— Oui et non, tu seras bachelière à dix-neuf ans. Tu as des facilités à l'école et heureusement ! Tu vas en changer souvent. Tu vas devoir t'adapter à chacune d'elles et tu devras faire du travail comme extra dans des magasins, les marchés, pour pouvoir aller jusque-là. Tu trouveras cela très injuste. Il va te falloir, toujours, beaucoup de courage avec cette impression de fatalité. Cette impression de devoir en faire toujours plus, tout le temps, pour être crédible et légitime. Au fil du temps, cela va finir par t'épuiser. Tu vas faire autrement, tu vas travailler beaucoup, puis tu vas valoriser ces années de travail par un brevet de technicien supérieur obtenu très facilement pour ta trentaine. Puis, pour ta quarantaine, tu passeras une licence et un master. Un diplôme d'une grande université parisienne.

— Ouah ! C'est génial alors. Même si je n'sais pas de quoi tu parles. Ça a l'air important.

Tonia baisse la tête et pense *pas tant que ça*. Et elle lui épargne la débâcle et sa descente aux enfers qui ont accompagné cette pseudo-réussite, avec ces diverses distinctions et médailles honorifiques. Elle tente de poursuivre la conversation avec plus de légèreté.

— Dis-moi, as-tu un rêve ? As-tu déjà pensé à ce que tu voudrais être, voudrais faire ?

— Pff non. J't'ai dit déjà. J'essaie de bien apprendre, j'veux pas être punie et j'aime bien l'école de toute façon. J'suis tranquille. J'écoute la maîtresse même si elle croit le contraire ! J'dois m'occuper d'mes petites sœurs pour aider maman, faire les courses, aller chercher ses cigarettes. Elle ne peut pas avec le bébé. Quand papa rentre, le soir, j'suis pas tranquille, insiste-t-elle et elle ajoute :

— Je n'sais pas s'il va être bien ou pas. Il se met en colère très facilement. Alors, j'fais attention à c'qu'on dit. On répond à ses questions c'est tout. Sinon, il crie si c'est pas comme il veut, et il tape maman ; tout est de sa faute de toute façon. Quand il est bien, j'aime bien mon papa, il m'apprend plein de choses et on rigole.

— Ah oui ? Tu rigoles avec papa ?

— Oui, quand il m'apprend l'italien. En ce moment, j'apprends toute la batterie de cuisine. Même si j'ai intérêt à le faire sérieusement. J'aime bien quand il me raconte des histoires, parfois elles sont bizarres quand même. J'ai pas bien compris le rapport entre le jugement de Salomon et la naissance de mes sœurs jumelles. J'en ai fait un cauchemar : couper un bébé ! Il m'emmène avec lui jouer au tiercé et faire le marché à Versailles. Là c'est chouette ! Je suis toute seule avec lui.

Tonia baisse la tête encore une fois. Quand il est bien, c'est un chouette papa avec elle et seulement avec elle, même s'il y a des choses qui lui échappent à cet âge. Cette attitude complique bien des choses, et surtout elle suscite la rivalité jalouse de sa mère à son égard. Alors, l'est-il vraiment dans l'absolu ? Est-ce d'être attentif à l'une de ses filles seulement qui lui donne la légitimité d'être un bon père ? Ne devrait-il pas être avant tout un bon compagnon, un mari aimant et respectueux ? Un homme responsable et soucieux du bien-être de tous ses enfants ? Pour la protéger, elle tait cette remarque à la petite pour qu'elle puisse profiter encore du peu d'amour paternel reçu. Cela lui permettra de se souvenir un jour qu'un homme peut donner de l'amour sans tuer. La preuve, elle est encore bien vivante.

— Tu auras des idées d'avenir aux alentours de tes seize ans. Tu voudras et trouveras un homme qui t'aime avec lequel tu pourras avoir des projets. Il sera drôle, gentil. Tu voudras avoir ta maison avec ton nom sur la porte et ne plus avoir à préciser *Tonia, chez* et l'adresse des hébergeants, parfois des institutions, parfois des familles. Les évènements, enfin, te feront croiser ton futur mari. Alors, tu auras à peine le temps de vivre seule. En réalité qu'une semaine ! Tu auras un très beau mariage, une magnifique fête, tu auras vingt-trois ans. Puis, tu voudras ton enfant. Eh oui, tu finiras par changer d'idée. Tu l'auras avec difficulté mais tu le voudras très fort cet enfant. Un magnifique cadeau. Ta vie sera douce, constructive, avec de très beaux moments. Des difficultés, bien sûr, mais il y aura beaucoup d'amour dans ta maison. Tu seras une super maman.

— Ben, pourquoi tu es partie alors ?

— Ce n'était plus possible, je te l'ai dit tout à l'heure. La société va changer. La vision sur l'avenir et les projections vont devenir difficiles. Nous sommes dans l'ère de la digitalisation. Dans l'ère de l'instant présent ! Un leurre, une illusion inventée par les *sachants*. Un grand bouleversement, le monde va devoir s'adapter à cette ère nouvelle, anxiogène, angoissante, inconnue, incertaine. Des individus diront *c'était mieux avant* et pour le coup, c'est vrai. Tous les indicateurs le démontrent, environnementaux, éducatifs, économiques… alors, regarder en arrière déprime. L'Humanité ne progresse plus, elle régresse.

— Pourquoi ? Normalement il faut faire mieux, comme à l'école pour avoir les bons points, après les images… et viser le cadeau : le dictionnaire.

Ah, le dictionnaire ! Tonia en obtiendra un. Elle s'en amuse avant de répondre :

— l'Humain, pour se rassurer, se compare. Il préfère regarder le pire, comme ça il se contente de son sort sans se poser de questions. C'est plus commode et plus confortable.

La petite fait la moue en haussant les épaules.

— Cette ère est empreinte de contradictions, où nous disons tout et son contraire, alors… regarder devant, faire des projets angoisse, les jeunes surtout.

— Mais toi, tu es vieille ! (Elles rient).

— D'où la doctrine de l'instant présent. Tu vas le ressentir très profondément et tu vas te sentir très seule. Incomprise comme un dormeur s'éveillant d'une longue léthargie insouciante. Tu sais ce que tu veux et tu sauras très vite qui tu es. Seulement, les gens n'aiment pas ceux qui sont sûrs d'eux. La réussite suscite la jalousie. Pourquoi ? Probablement de ne pas avoir pu ou pas en faire autant. Alors ils te feront douter dans ce monde nouveau, frileux et ils vont y arriver. Une succession d'injustices de ceux que tu aimes le plus et sur qui tu pensais pouvoir compter : ta tante, ton mari, des personnes soi-disant de confiance de ton milieu professionnel et même ton fils, vont te faire perdre pied. Tu vas paniquer, tu vas te sentir perdue, comme dans un labyrinthe où il faut trouver la sortie. Tu vas apprendre à tes dépens la puissance de certains mots : loyauté, aimer, intégrité, bienveillance… Très peu de personnes ont ces qualités. Une grande claque de plus.

— Je n'ai pas tout bien compris. Mais cela n'a pas l'air très rigolo. J'peux éviter tout ça ? Dis-moi !

4

Pari perdu

Tonia regarde la petite intensément pour bien peser, percer ses mots. Elle va, là, lui révéler la part la plus douloureuse de sa vie, celle d'une histoire d'amour qui ne ressemble en rien à celle d'une princesse, celle de LA Blanche-Neige. L'amour est une souffrance à ce moment-là encore. Elle répond avec humour à sa dernière réplique (« dis-moi », sous-entendu « dis le mot *moi* ») :

— Moi ! (Elle sourit). Je ne crois pas que tu puisses éviter tout ça. Ce sont des aléas de la vie, indépendants de toi, de ta volonté, et tu vas devoir les subir. Pourtant, dans ce marasme, un homme va être là, tu vas le croire. Pas besoin de te mettre une graine ! Tu ne le rateras pas. Quand tu le verras pour la première fois, il aura plein de lumière autour de lui, cela va t'intriguer. Puis, quelques jours après, en le regardant plus attentivement, dans une circonstance

35

bien particulière, tu auras une vision. C'est ce jour-là… oui… ce jour où, pour la première fois de ta vie, tu te projetteras dans l'avenir. Tu te verras vieille à ses côtés. Vous serez heureux d'être l'un près de l'autre. Tu vas tomber profondément amoureuse et tu placeras une très grande confiance en lui. Il va te tendre la main. Il a le sourire malin d'un sale gosse, et des yeux d'un bleu profond dans lequel tu verras un petit garçon espiègle, ambitieux et courageux. Tu le vois, enfin tu devines la souffrance de son âme, il étouffe. Vous allez vous aimer très fort et il va te retourner le cerveau aussi. En fin de compte, il va te faire plus de mal que tous les autres réunis et t'envoyer en enfer. Cette rencontre, dans laquelle tu donneras tout : ton âme, ton cœur, ta joie, sans compter, te vaudra une très douloureuse traversée du désert avant de pouvoir te retrouver. Tu auras l'impression d'avoir été dans le trou d'une tombe, meurtrie, trahie. Cet homme va d'abord te sortir de ce cauchemar et te conduire à l'orée d'une belle forêt luxuriante. Et là, il y entrera seul et te remettra dans ton trou en le recouvrant de terre, cette-fois. Tu vivras la sensation d'être enterrée vivante avec un poignard de plus dans le dos, de la terre dans la bouche, t'empêchant de crier *à l'aide*. Seul un de tes bras sort au-dessus du sol. Tu pensais probablement que quelqu'un viendrait te tirer de là. Au moins un de ceux qui t'aimaient tant ! Et non… tu vas la faire… cette traversée de la nuit noire de l'âme. C'est un coup de chance qui te tirera de ce trou. Ironie du sort, c'est un aveugle ! Je te laisse le découvrir, c'est une très belle rencontre magnétique.

— Pourquoi tu lui as donné tout ça ?

— Je ne sais pas, pour moi c'était une évidence. J'y ai cru, j'avais confiance en lui, en nous. J'avais l'impression d'être entière près de lui. Aujourd'hui, il me manque un bout de moi et encore maintenant, j'essaie de récupérer tout ce dont (don) j'ai été dépouillée. Bref, tout ce que j'ai perdu. Jusqu'à mon sourire pendant longtemps remplacé par des flots de larmes sans que je puisse y faire quoi que ce soit. Du matin au soir. Je me soupçonne même de l'avoir fait en dormant !

— Il t'a aidé quand-même ?

— Je n'en suis pas encore convaincue, peut-être un peu, je ne sais pas, je ne suis pas certaine. J'ai du mal à voir, comprendre ce que cette relation m'a apporté, à moi, hormis de la douleur. À lui, oui, elle a profité. Mais à moi ? À part m'avoir épaulée dans l'adversité au travail, je ne vois pas. D'ailleurs un autre aurait pu en faire tout autant. Peut-être a-t-il accéléré ma décision de divorcer ?

— Personne est venu alors ?

— Non. Il a fallu l'accepter et c'est très dur, pardonner, d'abord à moi, et aux autres. Puis, comme tu avais déjà fait le chemin, eh bien, tu vas le refaire mais en rampant cette fois. Sur celui-ci, tu vas découvrir ou redécouvrir certaines personnes et réapprendre d'abord à te faire confiance. Tu vas faire le tri aussi, pour être bien accompagnée. Des personnes de ta famille, d'anciens et de nouveaux amis, ton fils, vont t'aider, te tirer, te soutenir pour te faire avancer, malgré ta méfiance. Et un jour, de nouveau, tu seras sur tes pieds à l'orée de cette magnifique forêt dans laquelle tu entreras cette fois. Tu te dirigeras tout droit vers le torrent pour te laver et boire beaucoup d'eau, pour crier ta colère et ta rage. Crier contre l'injustice de la situation, des institutions et de tes relations. Puis, apaisée, tu essaieras de communiquer avec davantage de justesse. Avec lui aussi mais cela n'a pas fonctionné.

— Il est méchant alors ?

Tonia est ébahie par la capacité d'écoute de la petite. Elle se demande si c'est une bonne chose de lui raconter tout ça, pourtant elle semble s'intéresser et bien comprendre… Alors, elle continue :

— Il souffre je crois et, quand nous souffrons, c'est si facile de faire le mal, avec le silence par exemple. Et à qui, dans ce cas, nous faisons subir notre mal-être ? À ceux que nous aimons le plus. Il semble qu'il souffre plus encore. Alors, nous pouvons en déduire que ceux qui te feront du mal ce sont ceux qui t'aiment beaucoup.

— C'est pas logique.

— Rien ne l'est, pas même 1+1.

— J'peux changer ça ?

— Je ne crois pas. Malheureusement, tu vas faire plus confiance à ton intuition qu'à la raison lors de son recrutement. S'il fallait changer le passé, c'est à ce moment précis. Mais tu es tellement convaincue de prendre la bonne décision que tu te fieras à ton ressenti au lieu de t'en remettre au bon sens partagé par les collègues. A l'oral, il fera preuve de justesse, d'originalité et son humour te fera rire. Alors, têtue et sûr de toi, tu lui attribueras la meilleure note, ce qui le classera premier. Ce n'est pas une erreur professionnelle, il est très compétent, ton discernement sur ce point est correct. Pour toi, c'est humainement que le bât blesse.

— Ben tu sais quoi ? Je crois qu't'es trop sûre de toi là ! Papa il est comme ça aussi ! Il est SÛR.

Tonia ressent la pique et l'exprime.

— Aïe ça pique là ! Oui, je suis d'accord. L'assurance est tout de même un allié. Tu retiendras une leçon de cet épisode : tu vas apprendre à t'aimer d'abord. Comme ça tu n'aimeras pas trop fort les autres pour ne pas leur faire de mal.

— J'comprends rien.

— Bon, ce que j'essaie de t'expliquer, c'est que le bonheur se construit en transformant tes peurs en courage. C'est un chemin rempli d'évènements et de rencontres bonnes ou mauvaises. Il ne faut pas être exclusive mais opportuniste et prendre les évènements et les rencontres comme des apprentissages ou des cadeaux. C'est difficile. Lui aussi m'aimait très fort, enfin je crois. Il a fait un choix, il a une famille, une petite fille entre autres. Comme il me le dira, il a fait le choix du confort et de la sécurité et donc, il a renoncé à moi, à l'amour. Le problème, c'est ça. Il a renoncé en faisant un choix, sacrificiel. Me sacrifiant du même coup ! C'est mon point de vue. Toi, moi, nous ne choisissons pas, pour ne pas renoncer justement. Nous nous engageons. Du coup, c'est plus risqué et plus dangereux. Beaucoup te diront, dont lui d'ailleurs, *il vaut mieux être seul que mal accompagné*. En vérité et en réalité, beaucoup sont mal accompagnés pour ne pas être seul. Il en est le parfait exemple. C'est très dur la solitude. Financièrement et humainement surtout. Alors, tu vois, le bonheur a un prix. Lui, moi, l'avions dans nos mains, ensemble. Il a eu peur, le bonheur fait peur. Il faut du courage, s'extraire de croyances limitantes et surtout croire au droit d'être aimé et d'être heureux. Lui a choisi le sacrifice. J'ai choisi de me sauver, de nous sauver et de prendre le risque de me jeter dans le vide pour tenter d'être heureuse pour le peu de temps restant. De ne pas simplement me contenter de ne pas être malheureuse. Une grosse prise de risque pour ne pas subir, et en faisant fi de tous les principes de précaution. Un pari ! Pour une timide comme toi, nous, avec des peurs et des angoisses existentielles ! Même si tu fais croire le contraire en portant le masque de l'assurance, c'est une illusion. C'est ton culot, et ce courage appris des évènements de ta vie, qui te permettent de te jeter dans ce vide en te disant *je verrai bien, je crois en ma bonne étoile*. Pour toi, le vrai échec est de ne pas avoir le courage d'essayer. Tu es convaincue de la grandeur d'un échec. Tu apprends de lui. Tu recommences d'une autre manière pour trouver la bonne recette. Là, avec lui, je te le dis, pari perdu ! Il va falloir lui acheter des chaussettes. Pour te consoler, tu cultiveras ton jardin de roses. Ce jardin va être d'une grande aide dans ton *bien vivre seule*.

— Pourquoi des chaussettes ?

— Oui, évidemment, tu ne peux pas savoir ! Quand nous parions, si lui gagnait, je lui offrais des chaussettes, si c'était moi, il devait m'offrir des collants. Je m'acquittais de ma dette de jeu quand je perdais mais pas lui.

— J'aime pô les collants ! J'aime pô ta vie là.

— Et pourtant, je peux t'assurer que beaucoup l'envieraient.

— Ah bon ? T'es toute seule ! Et cela n'a pas l'air d'être très joyeux.

— Non, je ne suis pas seule. J'ai mon fils, mes sœurs, mes amies et des copains. Des collègues aussi. Tous partagent et font la route avec moi. J'ai un chez moi, je peux m'offrir plein de choses et j'ai ma roseraie. Et toc !

— Ah ouais, c'est vrai ? Mens pas ! Pourquoi t'es triste alors ? Tes yeux, eux, sont tristes. Comme ceux de maman ! Je ne veux pô de ce regard dans mes yeux ! Ils sont trop tristes…

Tonia ressent son désarroi, elle tente une autre explication.

— Ok, je te dois d'être honnête. Même si je préfère être seule qu'avec un autre qui n'irait pas bien avec moi, j'aimerais bien avoir un amoureux, un vrai. Je suis triste d'être toute seule, c'est vrai. Je pense être pauvre sans amour à donner et à recevoir. Sans pouvoir partager les aventures de la vie avec un compagnon. C'est cela qui m'attriste.

— Ah tu vois ! Je l'voyais dans tes yeux… Trouve-toi un autre amoureux alors !

— C'est facile à dire, très difficile à faire. Je ne tombe pas amoureuse comme ça. Cupidon ne passe pas à tous les coups. Il est venu qu'une seule fois pour moi, d'ailleurs. Puis, je dois me défaire de plusieurs choses : d'abord, il faut croire à l'amour, avoir confiance en ce sentiment. Et pour cela, je dois me dégager de toutes les attaches sentimentales qui me lient à celui dont je t'ai parlé. Je te le rappelle : il m'a trahie, rejetée et manipulée. Je suis encore très en colère, j'ai dû lutter contre la rancœur et la haine, tout déconstruire pour avoir une chance de reconstruction. Une lutte contre moi d'abord. Quelle naïve j'ai été ! Puis, cesser de lutter et d'être en colère contre lui, ensuite pardonner, voire être indifférente à son silence méprisant, blessant, et à ce qu'il pense ou non.

— J'comprends rien. T'as qu'à lui dire, il viendra. Et c'est qui Cupidon ?

Comme Tonia a en face d'elle son double enfant, il lui semble important, même si elle sent la petite perdue par tant de complexité sentimentale inconnue d'elle, de lui livrer le maximum d'informations pour qu'elle puisse le mieux possible affronter son avenir… Alors, elle poursuit :

— Justement, je lui ai dit. Le seul regret de ma vie, je n'aurais pas dû, il a paniqué manifestement. J'aurais mieux fait de me taire. Cupidon, c'est le dieu de l'amour dans la mythologie romaine. Il tire sa flèche dans le cœur des amoureux. C'est une image. Parlons d'autre chose, tu veux bien ?

— J'sais pas. J'suis pas contente de savoir que j'vais être triste. J'suis déjà beaucoup triste, alors ! C'est pas joyeux joyeux, c'que tu m'dis. Il a mal visé Cupidon ?

— En fait, j'essaie de le prendre du côté positif. Je me dis : il y a forcément une chose merveilleuse au bout de ce chemin éprouvant. Par exemple, tu vas quitter ton travail par la force des choses. Plus rien ne va professionnellement et en plus, lui c'est ton assistant. Tout est devenu insupportable. Tu vas tout quitter pour un autre travail et, je ne te le cache pas, cette année et demi est la plus redoutable et difficile de toute ta carrière. Évidemment, quand tout va mal, tout va mal. Avec le recul, cela s'avèrera finalement positif par rapport au contexte sociétal et pour ta relation homme/femme aussi. Tu tomberas sur un dirigeant très particulier d'un grand groupe. Un personnage original, capable d'avoir des attitudes extrêmes dans sa façon d'être et de parler, sans filtre et sans limites. (Tonia tait cette même capacité qu'elle peut avoir parfois aussi). Il va t'obliger à te surpasser émotionnellement et toi tu vas l'aider à en faire de même, enfin je crois. Tu ne le verras pas de suite. Cette relation, tout à fait particulière, va vous enrichir mutuellement et humainement, pour toi au moins, c'est sûr. Puis, tu vas connaître, traverser une grave crise sanitaire. Elle va toucher le monde entier. Une pandémie, un virus appelé la Covid. Ce virus va rendre des gens malades à en mourir. Il s'attrape facilement, très vite. Nous sommes obligés de vivre avec des masques devant la bouche et le nez (Tonia en met un sur son visage, pour lui montrer), de nous laver les mains tout le temps, de suivre différents protocoles sanitaires, de respecter des gestes barrières… Ce travail te permet d'être exactement où il faut dans ce contexte. Tu te sentiras utile et à ta place.

— Ben, tout le monde meurt. Il faut bien mourir pour laisser de la place à ceux qui arrivent. C'est logique !

5

Travail et diplômes

Ah ! Tonia et sa logique ! La petite poursuit, et avec de la suite dans les idées, c'est sûr.

— Tu vas passer un diplôme pour tes cinquante ans ? Et après, un autre pour tes soixante ans ?

— Quelle idée ! Il faut que je fasse une thèse alors. C'est très, très long, une thèse. Cela dit, j'y ai pensé. Je voulais faire le diplôme d'actrice de théâtre. Tu seras reçue au Cours Florent après le stage d'admissibilité. Tu joueras un peu dans une compagnie et tu voudras essayer de faire les trois ans d'école pour avoir le diplôme. Comme il n'est pas reconnu par l'État, il coûte vraiment très cher. D'ailleurs, l'État ne reconnaît pas ce secteur culturel pourtant fondamental. L'histoire, la culture et la créativité françaises sont pourtant des particularités reconnues dans le monde. Passons… Tu auras du temps mais pas assez d'argent pour le faire. Tu t'offriras quand même des cours dans une compagnie parisienne pour jouer des rôles. Puis, tu ne pourras plus le faire à cause des grèves incessantes des transports et ensuite la Covid. Ce virus aura pour conséquence le développement de stratégies de confinement et de couvre-feu décidées par l'État, nous empêchant de vivre ! Autrement dit, nous n'avons pas le droit de sortir sauf pour aller chercher à manger, et seulement dans des commerces dits essentiels et avec une attestation s'il te plaît ! Toi, tu auras de la chance grâce à ton travail. Tu fais partie de ceux qui ont été en première et seconde ligne. Tu ne subiras donc pas toutes ces restrictions. Tu vas même vivre des choses extraordinaires professionnellement et faire des rencontres incroyables.

— Tu l'as attrapé ce truc ? Ce… co… virus ?

— Non, et je ne l'espère pas. Tes deux sœurs l'ont eu par contre. Je te rassure, pas trop fortement et elles vont très bien.

— Et mon p'tit frère, il va bien ?

— A priori, je dirais oui. Il a quatre enfants, trois filles et un garçon. Comme maman et papa. Je ne connais toujours pas la dernière. Elle va avoir deux ans.

— Et mes sœurs ?

— Un garçon, une fille chacune. L'une d'elles a de faux jumeaux.

— C'est drôle ! Je serai tata de huit enfants, alors !

— Ouaip ! Tata Toto ! Quelle vivacité d'esprit pense à nouveau Tonia.

     La petite rigole et ajoute :

— Ah ça, c'est cool, c'est pas triste, super ! Rien faire, c'est chiant ! Il faut t'trouver un truc à faire ! Sinon, comment tu vas occuper tout c'temps avant de mourir ?

— Euh, j'espère profiter un peu de la retraite, bien que…

— La quoi ? C'est quoi ça, retraite ?

— Oui, tu ne peux pas savoir ce que c'est, évidemment. Je vais tenter de t'expliquer simplement. La retraite c'est quand nous sommes *trop vieux* pour continuer à travailler. Voilà, toutes ces années où tu travailles, tu donnes un peu de sous à ceux qui ont plus de soixante-deux ans. Ainsi, ils peuvent vivre sans travailler, c'est la retraite. Normalement, à soixante-deux ans, je devrais arrêter de travailler et ce sont les jeunes comme mon fils, par exemple, qui vont me donner un peu de sous. Une part financière de leur travail pour que je puisse vivre. C'est possible en théorie, maintenant. Cela s'appelle un système de solidarité entre les générations : la retraite par répartition à laquelle les Français tiennent beaucoup. Encore faut-il avoir assez de travail pour tous ces jeunes. Ne pas mettre dehors les travailleurs dès leurs quarante-cinq, cinquante ans ! Et faire des bébés. Bref un système en danger. Alors il n'est pas impossible, c'est même très crédible, que l'âge fixé à soixante-deux ans pour partir à la retraite soit repoussé à soixante-cinq, soixante-sept ans, etc. Et au-delà encore pour les générations suivantes. Si l'espérance de vie recule toujours. Une grande folie.

— Pourquoi ? Si tu peux travailler, c'est mieux ?

— Oui, enfin, tu sais, nous finissons par être fatigués quand même. Et il n'y a déjà plus assez de travail pour tous. Regarde ton grand-père. Je me vois mal travailler encore à soixante-dix ans en déambulant dans le métro.

— Ben, il travaille toujours ! Il est même pompier gratuit pour sortir les vaches des puits quand elles tombent dedans. Il jardine aussi. Il vend ses légumes, le dimanche matin sur la place du marché où se trouve la porte de sa maison.

Tonia rit aux éclats !

— Oui ! Eh bien je verrais ! Je ne suis pas pompière ! Ça te dit un peu de shopping ? Faire les boutiques. J'ai envie de t'offrir des vêtements.

— Du quoi ? Comment on fait ça ?

— Eh bien, tu t'habilles bien avec des vêtements ? Tu vas bien dans les magasins pour en avoir ?

Tonia a bien conscience de cette proposition éphémère, la petite ne pourra pas repartir avec ses achats, hors mode de l'année 1977 d'où elle vient. Elle espère lui donner un peu de bonheur en lui offrant la chance, pour une fois, d'être à l'aise dans des tenues modernes.

— Euh, j'sais pas. C'est maman, elle a des vêtements, j'sais pô comment. (Elle fait une moue interrogative). Elle nous les essaie et si ça va, c'est pour nous. Souvent, j'aime pas, mais c'est ma taille, alors… voilà.

Elle avait oublié ça. Comme quoi certaines choses sont bonnes à mettre aux oubliettes. Elles montent dans la voiture. Cette fois, la petite la bombarde de questions sur son fonctionnement. Elle l'a pourtant attachée derrière mais elle se détache et se penche pour pointer du doigt les objets qui l'intriguent, au sujet desquels elle pose des questions. Quand son téléphone sonne, Tonia répond et la musique s'arrête. Intriguée, pour la petite, c'est de la magie. Elles arrivent dans la zone industrielle de la région. Tonia se gare pour commencer devant le grand magasin de livres et de vidéos. La petite est émerveillée. Elle ne connaît pas l'abondance commerciale. Près de chez elle, l'installation de la grande consommation commence à peine. Un hypermarché vient d'ouvrir ses portes depuis peu. À cette époque, seuls quelques-uns sont construits en France, c'est la grande sortie familiale du samedi. La petite ne réclame rien. Elle est éduquée à ne rien demander et à ne pas envier, déjà. Ce qu'elle gardera comme ligne de conduite toute sa vie. Tonia le sait bien. Alors, elle lui propose et insiste chaque fois qu'elle repère un signe d'envie dans ses réactions. C'est dans le magasin de sport que la petite trouve le plus de vêtements à son goût. Tonia trouve cela dommage mais elle s'incline. Elle n'oublie pas son objectif, elle doit être à l'aise. Chaque chose en son temps. Le coffre est plein. Pour elle, c'est Noël avant Noël, fête qu'elle ne célèbre de toute façon pas et dont elle ne connaît que le nom. Tonia l'emmène ensuite dans sa jardinerie préférée.

— Ça se vend les animaux ? s'écrie la gamine horrifiée.

— Oui, as-tu des animaux ?

— Oui, un chat, des oiseaux et un chien, depuis pas longtemps. Papa dresse le chien. Il l'enferme dans le noir, dans le cagibi. Il est pour moi normalement, mais j'peux pas l'approcher, il est trop méchant. Il aboie beaucoup. C'est un berger allemand.

— Il y a beaucoup d'êtres qui aboient dans ta maison !

— Ah, ben… oui. Ça crie. Puis, il y a truc qui me fait trembler, qui me gêne drôlement. Le renard empaillé dans la chambre de papa et maman. Celui-là me fait très peur. Il a des yeux vitreux, marron-vert. Des fois, j'imagine qu'il va revivre et qu'il va nous attaquer.

— Cela n'arrivera pas, ne t'inquiète pas. Tu aimes les animaux ?

— Ben oui, quand ils sont libres, dans leur environnement. Le chien, il est triste. Je l'entends pleurer aussi. Quand papa n'est pas là, j'essaie d'ouvrir la porte pour le libérer et lui faire des câlins. Je suis responsable de lui, non ? Mais il grogne. Maman ferme la porte et me gronde.

— Oui. Je comprends.

Tonia se baisse pour se mettre à sa hauteur.

— Écoute, essaie de te sentir moins responsable, d'accord ? Sois-le si tu en as envie, si tu le décides, pas pour les choses imposées. Ce chien, ce n'est pas une de tes demandes, n'est-ce-pas ?

La petite baisse les yeux. Elle relève la tête, le regard plein de colère. Ses yeux devenus noir charbon sont plantés dans le regard de Tonia tandis qu'elle serre ses petits poings et ne dit rien. Sa colère noire. L'adulte lui sourit.

— Il fait nuit noire, il est tard. Allons manger au restaurant, ça te dit ?

Elle desserre les poings et lui rend son sourire.

— C'est quoi un restaurant ?

— Un endroit où tu commandes des choses à manger qui te sont servies à une table choisie. Ou bien, nous pouvons rentrer et passer une commande avec mon téléphone. Y a-t-il un menu qui te fasse envie ? Que préfères-tu ?

— Le restaurant, j'connais pas.

— Très bien, choisis-en un, dans lequel veux-tu aller ? As-tu envie de manger français ? italien ? marocain, indien, japonais, chinois…

— Tout ça ! J'sais pas. Tout ça existe pour de vrai ?

Pour le coup, Tonia voyant tous ces commerces ouverts est maintenant convaincue qu'elles sont bien toutes les deux dans un autre espace-temps. Car dans la réalité, avec le virus qui sévit, les restaurants et autres commerces dits non essentiels sont tous fermés. Quelle aubaine, en vérité, de vivre un truc pareil !

— Ouais… tu vois, avec le virus, tous ces endroits-là sont fermés actuellement. Ils nous manquent. J'en suis sûre maintenant, nous sommes bien suspendus dans une autre dimension temporelle. Bref ! Tous ces choix possibles sont l'une des conséquences de la mondialisation.

— C'est quoi la mondialisation ?

— Une belle idée à l'origine. Avec le recul, elle me paraît être une très mauvaise chose. Tout, tous, et surtout les denrées peuvent voyager plus vite maintenant, en avion, bateau, etc. Et à force de croire qu'il y a toujours mieux ailleurs, de vouloir toujours plus, nous avons oublié de balayer devant notre porte et de regarder et d'apprécier ce que nous avons déjà. Du coup, la grande perdante est notre mère nourricière, la terre, Gaïa. Nous le payons et ce n'est malheureusement que le début. Le virus, par exemple. Il vient de Chine. Tu sais les anciens disaient *chacun dans son pré et les vaches seront bien gardées*, c'est un adage plein de sens, vraiment.

Désemparée, la gamine demande :

— Tu peux choisir, toi, le restaurant, hein ? Mais pas chinois s'ils ont des virus !

— Les jeunes vont dans des fast-foods. C'est ce que nous appelons de la restauration rapide. Le concept vient des États-Unis, je crois. Ce sont de gros sandwichs bien gras, avec du steak haché. Cela te tente ?

— Du steak haché ? Bah, non ! Je déteste cette viande, on dirait des petits verts collés ensemble, ils se mangent entre eux, beurk ! Ils nous donnent toujours ça à la cantine.

Tonia l'a fait exprès. S'il y a bien une chose qu'elle déteste en matière de nourriture, c'est bien le steak haché. Elle se doutait bien de sa réaction mais elle voulait l'entendre lui dire ou s'entendre le dire. Elle lui épargne la sauce tomate trop sucrée à la couleur du sang qui dégouline. Elle choisit et l'emmène dans une crêperie. Les connaissances culinaires de la petite étant balbutiantes et ses privations de repas équilibrés récurrents, elle se dit qu'une crêperie éveillera son appétit. Au moins, ici, elle va se régaler d'une crêpe dessert pleine de banane, de chocolat et de chantilly. En vieillissant, elle préférera la crème de marron et le citron. En revanche, le fromage ! Que dire, elles ne peuvent pas renier leurs origines normandes et italiennes ou un mélange des deux dans une crêpe. Elles mangeront chacune une galette salée avec du fromage et une crêpe Suzette sucrée. La petite, rassasiée mais ne pouvant réfréner sa gourmandise, en commande une seconde. Elle ne la finira pas et Tonia la voit se forcer.

— Arrête, tu vas t'étouffer. Si tu n'en peux plus, arrête.

— J'peux ? Papa dit qu'il faut finir son assiette, grand-père aussi. Quand c'est pas bon, c'est dur. Cela donne envie de vomir. Mais là, c'est bon ! Alors, ils m'auraient dit que j'avais pas qu'à avoir les yeux plus gros qu'le ventre et que c'est tant pis pour moi !

— Oui, d'accord, il ne faut pas gâcher la nourriture, c'est vrai, mais là, moi je te donne l'autorisation de t'arrêter. Je te le promets, tu pourras en avoir d'autres. Manger doit rester un plaisir, pas une punition, ok ? C'est important. Pour toi, ce rapport à la nourriture va te poser de petits problèmes. Fais attention. Tu auras du mal à avoir envie de manger et à éprouver du plaisir à table, c'est dommage.

La petite, tout d'un coup, se met à pleurer.

— Pourquoi pleures-tu ?

— Tu m'as grondée et j'ai mal au ventre. J'ai envie de rentrer aussi.

Tonia la prend sur ses genoux.

— Ta famille te manque, je comprends, lui dit Tonia en lui caressant les cheveux et elle poursuit en pensant tout haut :

— Puis… ce monde bizarre n'est pas encore le tien, alors il t'émerveille, t'intrigue mais te questionne trop, ce n'est pas rassurant pour une petite fille.

— Oui, même si j't'aime beaucoup. J'suis pas très bien ici.

— C'est normal. Un saut de plus de quarante ans, c'est perturbant. Et de te voir vieille, seule comme ça, cela ne doit pas être facile… Tu sais, même pour moi c'est absurde, étrange, de me revoir petite fille… j'avais oublié l'avoir été ! Mais c'est moi l'adulte et je me dois d'être rassurante et responsable. Allez viens, sèche tes larmes, d'accord ?

Tonia paie l'addition et elles rentrent sans rien dire. Après la douche, la petite met un pyjama-short acheté plus tôt. Elle se regarde, elle aime bien.

— Tu es jolie avec ça. Il te va bien. Tu as de grandes jambes pour ta taille, lui fait remarquer Tonia.

— Je cours vite comme ça.

Elle n'en revient pas. Ses répliques, au premier degré, la laissent à chaque fois sans voix. Elle avait oublié cette naïveté et cette innocence de l'enfance, le bon sens.

— As-tu envie que je te lise une histoire ?

— Oh oui ! Le livre que tu m'as acheté.

— Ne le déballe pas, je l'ai dans ma petite bibliothèque de livres préférés.

Tonia attrape *Le Petit Prince* de Saint-Exupéry, l'un des cinq livres nichés sur la petite étagère au pied de son lit. Elle commence à lire. Les paupières fermées de la petite lui indiquent qu'elle s'est endormie. Elle poursuit tout de même la lecture, un temps encore, encore un peu. Elle entend la respiration ralentie de la petite, allongée à côté d'elle. Son corps inerte est complètement détendu, elle la regarde, se regarde se retournant sur le ventre, elle est partie dans le sommeil profond. Elle l'observe longtemps en train de dormir paisiblement, elle est rassurée de la voir ainsi, dormir sans tracas. Elle s'interroge tout d'un coup : sera-t-elle encore là demain matin ?

6

Soit bon, soit mauvais

Le lendemain matin, elle est encore bien là. Elle crie et saute de joie sur le lit à côté d'elle.

— Pourquoi le lit ne saute pas ? Pourquoi tu n'sautes pas ?

— Parce que mon matelas est un matelas à mémoire de forme, il n'y a pas de ressorts. C'est le progrès. Pour sauter maintenant, il y a les trampolines. Les enfants aujourd'hui sautent sur des trampolines dans leur jardin. La sécurité, tu te souviens ?

— C'est pas drôle, j'aime pas le progrès.

— C'est vrai, tout n'est pas bon dans le progrès. De plus, je ne suis pas sûre finalement que cela soit moins dangereux que de sauter dans un lit. Mais ce matelas-là est bon pour mon dos.

— J'ai faim !

— C'est bien…

— Ben, tu viens ?

La petite se met en grenouille sur Tonia, comme le faisait son fils. Et l'enlace bien fort. Tonia la sert aussi et lui fait un gros bisou.

— Tu as l'air moins chagrinée.

— J'ai… (elle saute de nouveau sur le lit et saccade sa phrase en rythme) décidé… de… profiter… d'la suspension… dans l'temps (elle saute de plus belle). Ça va s'arrêter de toute façon… un jour, et… tout va reprendre… comme avant… hein ?

— Oui, sinon, nous verrons bien. Que veux-tu faire ?

— Du cheval ?

— Quoi, du cheval ? Ben, euh… d'accord.

Tonia pense que cette gamine a des idées vraiment saugrenues ou une imagination débordante, d'où lui vient cette envie ? Le tiercé peut-être qu'elle fait avec son père ? Elle se lève et prépare le petit-déjeuner. Puis, elle cherche sur internet un endroit dans la région où il est possible de faire un tour à cheval. Elle finit enfin par trouver : dans la vallée de Chevreuse, c'est possible.

— J'ai trouvé ! Mais il y a un peu de route. Il faut se dépêcher d'accord ? Habille-toi. J'ai vu un petit restaurant sympathique sur le chemin. Contente ?

— Oui !

Intriguée, elle finit tout-de-même par lui demander :

— Pourquoi du cheval ?

— J'ai envie d'essayer. Je ne voudrais pas tomber sur le mauvais après.

Tonia ne comprend pas de suite cette réponse.

— Sur le mauvais ?

— Ben tu as dit qu'on risque de tomber sur le mauvais cheval comme au tiercé. C'n'est pas drôle de ne pas gagner à cause d'un mauvais cheval.

Tonia ne peut s'empêcher d'éclater de rire.

— Ah oui, ok ! Enfin, il n'y a pas de mauvais ou de bon cheval à proprement parler. C'est une image. J'ai essayé de t'expliquer en faisant des métaphores, des ressemblances. Pour moi, un bon couple mari et femme, c'est un bon cavalier pour le bon cheval. Un partage consenti par l'un et l'autre. S'ils sont bien ensemble, ils gagnent. Il faut, je crois, que l'un porte et l'autre guide. Et cela peut être inversé au fil des ans.

— J'ai compris. Maman n'a pas pris, misé sur le bon cheval. Et toi, ton amoureux n'est pas le bon cheval non plus ! C'est ça ?

— Eh, tu vois, moi je crois que si, justement, mon amoureux comme tu dis était le bon cheval, ou moi, la bonne jument. Ou tour à tour, un coup lui, un coup moi. C'est plutôt une question de timing. Notre rencontre est intervenue trop tôt ou trop tard. Un mauvais coup du destin. La vie est injuste, elle ne fait pas toujours de beaux cadeaux. Enregistre bien ceci. Allez, passons !

La petite est tout excitée. Elle a enfilé un jean, un bon pull chaud, des bottines plates et un blouson doudoune bleu. Devant la glace, elle se regarde en faisant des assouplissements.

— J'adore tout ça. C'est trop beau !

Tonia attrape une écharpe. Elle la lui noue autour du cou, malgré sa moue de désapprobation mais la petite se laisse faire.

— Elle sent bon ton écharpe.

— C'est pour masquer les mauvaises odeurs des transports urbains.

Après un bon déjeuner dans un petit restaurant terroir près de Barbizon, elles arrivent aux écuries.

— Tu sais quoi ? Avec papa et maman, on se promène parfois au château de Versailles. J'aime bien les statues qui crachent de l'eau.

J'aime bien aussi quand on va à la piscine à vagues. Une fois j'ai failli m'noyer, c'est un monsieur qui m'a sortie des vagues.

— Je m'en souviens très bien. Tu as eu de la chance dans toute cette foule, tu aurais pu passer inaperçue. Nous sommes arrivées. Prête ?

— J'l'ai pas dit, sinon je m'serais fait drôlement gronder. Comme la fois où j'ai enjambé l'balcon pour aller chercher d'l'aide chez la voisine. J'ai failli tomber. On était au onzième étage. Plus maintenant, on a déménagé. Papa et maman étaient aux grandes courses avec mes sœurs. Ils n'étaient toujours pas rentrés, le film du soir était fini, et la porte était fermée à clef. Mon p'tit frère pleurait, il pleure tout l'temps. J's'avais pas quoi faire, il faisait nuit et le téléphone gris n'marche pas. J'ai voulu aller chercher de l'aide… Mais, bon, j'ai failli tomber. Je tremblais drôlement après. Mon p'tit frère pleurait encore et encore. J'n'avais pas l'droit d'le prendre. Alors… j'ai essayé d'chanter, d'lui raconter des histoires, d'lui faire des câlins sans le sortir d'son lit, je tremblais trop. Et ils sont rentrés.

— Écoute, encore une fois, ces mésaventures ne sont pas de ton fait. Tu vois, je suis maman. Tu es encore trop petite pour avoir autant de responsabilités. Dans la piscine, tu aurais dû être surveillée. Tu n'aurais pas dû être seule à garder ton petit frère, tard le soir. C'est normal que tu ne saches pas quoi faire. Heureusement, ouf, tu es un vrai petit singe, bien souple. Tu as pu te rattraper, grâce à tes grandes jambes ! Elle est haute la rambarde, hein ?

Tonia lui fait un clin d'œil et lui chatouille le bas du ventre pour la faire rire. Elle sait très bien qu'elle ne résistera pas et elle éclate de rire effectivement.

— Arrête, arrête, j'suis trop beaucoup chatouilleuse !

Elles font une belle balade de plus d'une heure dans la forêt. Les chevaux sont dociles et elles s'amusent bien. Fatiguée de ce grand bol d'air, la petite fille s'endort dans la voiture et se réveillera à l'arrêt.

— Où on est ?

— Où nous sommes ! *On* ! qui est *on* ? Tu dis trop souvent *on*. *On* est impersonnel et déresponsabilise. Tu n'es pas plusieurs dans ta tête, d'accord ? Nous sommes devant un cinéma.

— Si tu veux, j'm'en fiche ! C'est quoi un cinéma ?

— Un endroit où nous pouvons voir des films en grand. Des films qui au départ ne sont pas faits pour la télévision.

— Ah, j'aime ça ?

— Oui, beaucoup. Ton premier film au cinéma sera *Star Wars*. Une révolution dans le monde cinématographique, à la fin de l'année 1977. Tu le verras avec tes cousins et tes cousines. C'est le premier Noël sans ton papa et ta maman. Puis, en 1981, tu en verras un deuxième. Toujours avec tes cousins et tes cousines et tes sœurs, cette fois. Tes oncles et tantes, eux, iront jouer au bowling. Ce film c'est *La soupe aux choux*, avec un grand acteur comique, une référence aujourd'hui pour les humoristes. Ensuite, tu iras beaucoup au cinéma avec un ami de onze ans de plus que toi. Cet ami prendra soin de toi à sa manière. Il sera longtemps là, pour toi.

— Un amoureux ?

— Ben, oui et non. Non, un vrai ami. Il va t'apporter et t'apprendre beaucoup de bonnes choses dans le domaine de la musique, par exemple. Il va te faire découvrir dès l'âge de tes douze ans un auteur-compositeur tout à fait original, HFT (Hubert-Félix Thiéfaine), qui restera ton préféré et que tu iras le plus voir en concert. En littérature, tu vas lire toute la saga du *Seigneur des anneaux* à l'âge de quatorze ans. Tu vas adorer. Tu connaîtras cette histoire dix-huit ans avant que le monde entier ne découvre cet auteur J.R.R. Tolkien, grâce au cinéma d'ailleurs. Le père de la *fantasy*. Cet ami va t'initier à une autre façon de voir la vie. Tu feras beaucoup de moto avec lui, pendant plus de dix ans. Il va t'apprendre un autre art de vivre, nature et bio, bien avant la mode. T'initier à d'autres croyances, t'ouvrir l'esprit, plus grand, grâce aux livres multiples qu'il te prêtera, à des musiques et au... cinéma ! Ton penchant prononcé pour la moto vient de lui.

— J'ai réfléchi…

Dans ses pensées, elle n'écoutait pas Tonia.

— Pas trop j'espère, cela fait mal à la tête, crois-moi.

— D'accord. Je crois qu'il faut que tu fasses un diplôme des cinquante ans.

— Je crois, moi, avoir assez de diplômes. Cela ne m'apportera rien d'avoir toujours plus d'apprentissages certifiés si ce n'est pas fait avec plaisir et pour ensuite en faire quelque chose d'utile. C'est un investissement les études.

Devant le kiosque à bonbons à l'entrée du cinéma, Tonia tend la main vers les étals.

— Malbouffe ! Que veux-tu ? Une glace ? Des boules de chocolat ? Du pop-corn ?

— On a le droit de manger dans le cinéma ?

— Oui. NOUS avons le droit, alors ?

— Des chocolats et des bonbons. Les crocodiles là, les petites boules de toutes les couleurs, ici, et… une glace dans le pot, là…

Elle tend l'index pour montrer ses envies démesurées. Tonia prend aussi des bouteilles d'eau, non réclamées. Par expérience, elle se doute de leur nécessité. Elle anticipe. Dans la salle, la petite ne montre pas son étonnement et se laisse guider. Pendant le film, elle ne peut s'empêcher de poser des questions. Plusieurs fois, Tonia lui dit :

— Chut ! Tais-toi !

Ce défaut, elle l'a toujours pourtant. Aujourd'hui encore, lorsqu'elle regarde un film, elle entend cette phrase de la part de ceux qui l'accompagnent si par malheur elle pose une question ou commente le film. Elle s'en veut de ne pas avoir été plus conciliante. Le film leur a vraiment plu. Elles en parlent encore sur le retour. Un film de Noël. Puis, la petite reparle de son tourment du moment.

— Je crois qu'il faut que l'on trouve un autre diplôme pour toi.

— Grrr, tu ne vas pas me lâcher avec ça !

— Ben si, quand j'aurai trouvé, dit-elle en fronçant les sourcils pour montrer sa concentration sur une problématique majeure.

— En attendant de trouver, monte dans la voiture s'il te plaît. Tu cogiteras mieux au chaud et attachée, ok ? Tu restes tranquillement attachée.

— J'peux monter d'vant ?

— Oui, à une condition, que tu ne touches à rien.

Elles montent dans la voiture en direction du domicile de Tonia où elles arrivent très tard.

— Brosse tes dents comme il faut. Tu as mangé beaucoup de sucre. Et les caries font un mal de chien. Et ça tu vas le savoir, crois-moi. Hop au lit !

Elle dit cette dernière phrase en sortant sur le pas de la porte pour fumer une cigarette.

— Tu fumes beaucoup comme maman. Je n'aime pas l'odeur. Ça pique le nez, et dans la voiture quand il y a trop de fumée, je vomis. Heureusement, toi, tu fumes toujours dehors.

Tonia ne répond pas à cette remarque. La fumée lui pique toujours le nez. Régulièrement, elle a des crises d'éternuements après avoir fumé certaines cigarettes. Ce qui n'échappe pas à certains de ses collègues qui la taquinent sur le sujet et lui rappellent qu'elle devrait arrêter. Son fils aussi, lui, est devenu spécialiste de l'anti-tabagisme ! Tolérance zéro sur le sujet.

— Tu me racontes la suite du Petit Prince ?

Tonia s'exécute avec plaisir jusqu'à ce que la petite s'endorme, encore une fois paisiblement et profondément. Au petit matin, elle est toujours là, la trêve temporelle pour l'une et l'autre continue. Devant leur petit-déjeuner, la petite questionne. Elle veut savoir ce qu'est le bowling. Tonia lui explique ce jeu auquel elle continuera de jouer dans sa jeunesse de nombreuses fois avec sa bande d'amis. Bande d'amis parmi lesquels se trouvera son mari. Elle rigole des anecdotes qu'elle lui raconte à son sujet et notamment de leur premier baiser.

— Alors ? Tu m'as trouvé un diplôme à faire ?

— J'ai dormi, j'n'ai pas pensé. On fait quoi aujourd'hui ?

— Rien, ça te va ?

— Tu n'as plus d'sous ? Ta carte magique ne marche plus ?

— Si, j'ai encore des sous et la carte n'est pas magique, elle est magnétique. C'est bien aussi de ne rien faire, non ?

— Non, je m'ennuie si j'fais rien. J'fais toujours quelque chose. Il y a plus de pièces et plus de billets pour payer les choses ici ?

— Si. Les pièces et les billets sont regroupés sur un compte, un petit coffre à ton nom, dans une banque. La carte de crédit te permet de prendre un peu sur ce compte, dans ce coffre. En gros c'est ça. D'ailleurs, ce ne sont plus des francs mais des euros. Tu verras. Tu seras Européenne en plus d'être Française. Un peu de jardinage, ça te dit ?

La petite se dandine, elle n'a pas l'air d'être motivée pour jardiner.

— Pas Italienne ?

— Non, à tes dix-huit ans, tu décideras de ne garder que la nationalité française, même si tu pouvais légitiment avoir les deux. Tu es entière, alors avoir la double nationalité sans avoir mis les pieds en Italie et sans avoir vécu avec leurs coutumes, cela n'avait aucun sens pour toi. Et c'était sincèrement aussi une façon de renier et de rejeter ton père.

— Je verrais ça à mes dix-huit ans. J'vais p't'être changer d'avis !

— Hier, tu n'es pas tombée sur un mauvais cheval. Tu as aimé ?

— Oui, j'ai eu un peu de mal à le guider parfois mais c'était bien. J'ai bien aimé aller au galop dans la forêt.

— C'est chouette de faire du galop. J'ai une idée. Je vais t'emmener à la patinoire. Nous allons faire du patin à glace.

— Waouh ! D'accord.

— Tu vas tenir en place jusqu'à cet après-midi ? Tu es d'accord pour m'aider à arranger mon petit jardin, ma roseraie en attendant ?

7

Rosamour

Elle est déjà debout, en train de débarrasser la table, comme si le fait d'exécuter les choses vite allait accélérer le temps.

— Le temps ne passera pas plus vite parce que tu te précipites à faire les choses. En revanche, la seule chose que tu vas récolter c'est des demandes d'en faire plus encore. Prends le temps !

Tonia vient de comprendre en la regardant pourquoi elle se précipite dans les tâches ménagères. Elle est impatiente d'éliminer les choses pas drôles et obligatoires pour faire celles qui lui plaisent, l'esprit tranquille. Sinon, elle ne peut pas. L'idée de faire un loisir sans s'affranchir des corvées la perturbe. Dans son jardinet, elle décline pour la petite les noms de tous ses rosiers. Ceux-ci la font rire.

— Pourquoi tu donnes un nom à des fleurs ?

— Les roses ont un langage. La couleur, leur forme et leur parfum donnent ce langage. Les roses rouges c'est pour l'amour. Tu vois celui-là c'est un baccara, l'amour passion, authentique. Chacun d'entre eux représente une étape de ta vie. C'est pourquoi il y en a quarante-sept. Pour toi, c'est la moitié de ta vie. Le tournant. Le grand bouleversement.

La petite tend la main pour approcher la rose rouge sous son nez.

— Aïe, ça pique ! Si je compte bien, tu penses vivre jusqu'à quatre-vingt-quatorze ans, c'est ça ?

— Oui, ça pique ! Aïe, quatre-vingt-quatorze ! Tu vois, elles savent se défendre même si elles ont l'air fragiles.

Tonia en caresse une et ajoute avec dépit :

— Euh non, l'autre moitié de vie peut être bien plus courte. J'espère en tout cas. Sauf si je peux toujours courir. Sinon stop. Quarante-sept ans est l'année d'une grande rupture.

— J'ai une question.

— S'il n'y en a qu'une… alors ?

— C'est l'hiver, pourquoi tes roses poussent ?

— Le temps est détraqué, alors les plantes s'adaptent plus ou moins bien. Les rosiers sont robustes, ils résistent, ils s'ajustent bien aux températures fantaisistes. Nous pourrions dire que les rosiers sont résilients.

— Tu en as de toutes les couleurs ! Il sent bon celui-là !

— Oui. C'est agréable de jardiner. Je m'évade ailleurs comme ça.

Elle hausse les épaules, se retourne vers le hangar ouvert.

— C'est quoi ça ?

— Mon jacuzzi, je vais le remettre en route aux beaux jours. C'est comme une grande baignoire profonde. Il fait des bulles relaxantes en plus. Nous pouvons tenir à quatre dedans. C'est très agréable pour se délasser d'une journée difficile ou trop chaude. Ce monde où je suis, où tu seras, connaît de plus en plus de périodes caniculaires. Cela veut dire une période où il fait très, très chaud. Tu n'aimes pas du tout la chaleur malgré tes origines italiennes. La planète se réchauffe plus vite, du fait de l'industrialisation et de la surconsommation. Toujours à cause du progrès !

— J'aime pas ton progrès.

— Si, il y a des trucs bien ! L'enceinte Bluetooth, tu aimes ?

De nouveau, elle hausse les épaules.

— C'est plus important la planète, non ?

Après un bon déjeuner, elles filent à la patinoire, située à un petit quart d'heure de chez elle. La petite est subjuguée de voir Tonia avec des patins à elle. En plus, elle sait patiner en avant et en arrière. Devant son air étonné, Tonia lui précise :

— Tu feras deux ans de patin à glace. Cela va t'amuser. Ton fils va avoir une lubie, celle de vouloir pratiquer le hockey sur glace pendant trois ans ! Alors, pour ne pas être à la ramasse, tu vas t'y mettre.

— Je vais faire plein de choses quand même. J'imagine pas maman pouvoir mettre des patins et glisser sur une lame comme ça.

— Euh, c'est vrai, j'ai du mal à l'imaginer aussi et pourtant, elle a un excellent niveau au judo, un très bon niveau et physiquement elle est la plus forte du couple.

À ces mots, la petite évoque un évènement familial dont elle a maintenant l'explication.

— Ah ! C'est pour ça ! Une fois, elle a fait une prise de judo, et Papa est resté K.O., super longtemps. Et quand il s'est remis debout, il était… pff très, très, mais très en colère. C'est l'une des bagarres les plus horribles, je crois. Quand il était par terre, on regardait s'il respirait toujours ! Moi j'me suis dit *bien fait pour lui*. Maman avait l'air pas très rassurée. Pourquoi elle ne se défend pas plus ?

— Je ne sais pas. Je pense qu'elle se laisse faire et encaisse les coups.

— Ben, elle en prend c'est sûr, mais elle pourrait le remettre K.O. Il arrêterait à force.

— Je n'ai pas la réponse. Lorsque tu fais un sport de combat, il y a des règles à respecter et au judo, normalement tu ne dois pas te servir de la discipline pour te battre, tu peux…

— Tuer ! C'est ça ?

— Oui, et puis elle n'aime pas la violence, je pense. Elle est plutôt pacifique et elle ne doit pas comprendre cette attitude. Alors elle espère… ou plus. Allez, nous tournons, tournicoti tournicoton Zébulon !

La petite trouve facilement l'équilibre et se lance. Elle prend de la vitesse, chute, se relève et repart. Tonia la rattrape et, main dans la main, elles tournent un long moment au rythme de la musique. À la minute de vitesse annoncée, Tonia entraîne la petite vers les gradins.

— Oh ! T'es pas drôle, j'veux y aller !

— Pas aujourd'hui ! Ne t'inquiète pas, tu auras beaucoup d'autres occasions d'en faire et je ne serai pas là pour te mettre dans les gradins.

— Tu as fait quoi d'autre de drôle ?

Tonia rit.

— Drôle, oui et non ! Parfois risqué quand même. Du ski, du canyoning, oui, tu feras plein de choses. Tu aimes bien te lancer des défis, surtout dans le sport.

— Je suis drôlement gâtée alors ?

— Euh, c'est bizarre cette remarque. Tu te gâtes. Tu feras tout ça grâce à ton travail. Personne ne te gâtera. Tu… tu prends soin de toi toute seule depuis, depuis… en fait depuis toujours. De toi, de ton mari, de ton fils et tous tes proches.

Tonia vient de prendre pleinement conscience d'une évidence. Elle a toujours pris soin d'elle. Elle a profité de ses gains sans culpabiliser et à la hauteur de ses moyens. Pourquoi lui a-t-on fait croire le contraire ? Elle sait ce qui est bon ou non pour elle. Ne plus en douter, se promet-elle.

— Tu m'aides ? Comment tu fais pour glisser en arrière ?

Elle lui montre l'astuce pour patiner en arrière. Puis, très vite, elles finissent par glisser l'une à côté de l'autre, les bras à l'horizontale. Elles s'amusent.

À nouveau une pause s'impose. Elles se posent au bar de la patinoire et commandent des chocolats chauds.

— Dis, la vie c'est dur quand même. Tu as réussi à être beaucoup de fois heureuse ?

— Oui, heureusement ! Au fond de moi, je fais tout pour l'être encore, ne t'en fais pas. Je vais bien finir par trouver la clef. J'y suis presque je crois. Je vais y arriver.

— Tu es sûre ? Vivre malheureuse comme maman, j'en ai pas très envie, tu sais ?

— Je sais. C'est pourquoi j'ai divorcé. J'étais devenue malheureuse dans mon couple. Je l'étais encore plus une fois seule. Aujourd'hui, je ne le suis plus. À chaque jour suffit sa joie et le bonheur se cache dans les détails. Je ne veux plus répondre à cette phrase idiote *comment ça va ?* Je ne me pose pas la question, je vis, c'est tout, un jour après l'autre. Souvent, je passe de belles journées, certaines sont moins bonnes ou plus difficiles. Elles ont un point commun, je ne suis jamais pressée, rien ni personne ne m'attend. J'ai une seule responsabilité, moi et mon bien-être. Et je n'ai pas de grandes exigences. Je suis disponible pour mon fils, mes sœurs et ceux qui comptent, c'est tout. Vieillir, vois-tu, est une forme de solitude. Tout le monde, la société surtout, te met dans cette boîte. Il faut trouver le moyen d'être le mieux possible dedans. En réalité tu n'as pas le choix, ils te diront tous le contraire, c'est faux. Ton libre arbitre se réduit à prendre la moins mauvaise décision pour toi, dans des situations imposées de plus en plus lourdes. En réalité, tu ne seras jamais totalement libre. Tout dépend d'un contexte, d'un environnement et des choix d'un autre, des autres, de plus en plus nombreux. Ces autres qui parlent haut et fort. Une cacophonie inaudible où tous veulent avoir raison. Ils sont guidés par leur ego, lui aussi de plus en plus gros, qu'ils expriment tous, en même temps. Ils réduisent ainsi le champ des perceptions et de l'écoute. Personne ne peut s'entendre dans tant de bruit. Il suffit pour s'en rendre compte de regarder et tenter d'écouter les débats journalistiques ou politiques. Le champ des possibles, tu parles ! Il est en jachère, tous les égoïstes avides de pouvoir y ont semé trop de graines les unes sur les autres. Plus rien n'y pousse, ou pousse de travers. Mais le plus dur pour moi est de me relever totalement de mon chagrin d'amour.

— Tu en as eu qu'un j'espère.

— Oui, heureusement ! D'ailleurs, je ne sais pas pourquoi nous disons *chagrin*, c'est un petit mot avec un petit poids comparé à la souffrance véritable.

— Tu vas faire quelque chose hein, pour toi, pour le monde entier ?

— Je n'ai pas le pouvoir de le faire pour le monde. Je le fais à ma petite échelle. J'apporte mon aide et mon expérience dans la bonne humeur autour de moi. J'y arrive. Tu verras, tu seras très souvent remerciée pour ton écoute, pour ta joie, pour la sagesse de tes conseils, un apprentissage et la discipline quotidienne d'être comme ça, sincèrement.

— Ah, tu fais du bien… alors ?

— J'essaie. Mais aujourd'hui, je me fais du bien à moi d'abord. C'est pourquoi il est temps de me trouver un vrai amoureux.

La petite met ses deux mains gantées sur sa bouche en lâchant :

— Oh oui ! Alors, fais vite. J'voudrais avoir plein d'étoiles dans les yeux !

En sortant, la patinoire étant au bord du lac, Tonia lui propose d'aller prendre un goûter sur un banc au bord de l'eau. Puis de faire une petite balade autour, avant de rentrer. En se dirigeant vers le banc pour s'installer, la petite questionne à nouveau Tonia.

— Tu as trouvé le diplôme ?

— Je n'y ai pas pensé. Je t'assure, je te l'ai dit, plus de diplôme.

— Moi j'ai trouvé le diplôme que tu dois avoir pour ta cinquantaine.

— Ah ! Eh bien je suis très curieuse. Dis-moi.

La petite se met sur les genoux de Tonia et pose sa tête tout contre son cœur en serrant sa taille entre ses bras.

— Tonia, moi, apprends l'amour et fais-lui confiance maintenant. Passe le diplôme d'amour, s'il te plaît…

Tonia est comme tétanisée d'un coup. Elle inspire une grande bouffée d'air, comme si elle avait été en apnée tout ce temps. Que s'est-il passé ? Elle est sur un banc, le regard perdu sur le lac, frigorifiée et tente de rassembler ses esprits. La nuit tombe, que fait-elle là, sur ce banc ? Et où est la petite fille ? Elle peine à se lever, fourbue. Combien de temps est-elle restée là ? Elle a très froid, très faim et soif aussi. Désorientée, elle regarde autour d'elle pour trouver une trace de ce qui vient de lui arriver. Elle ne trouve rien. La petite fille a disparu, elle s'est évaporée. En titubant, et en tapant des pieds pour tenter de les réchauffer, elle se dirige vers sa voiture et regarde la date et l'heure sur le tableau de bord de son automobile. Le temps est passé normalement. C'est la même date qu'au début de sa balade, en revanche, sept heures se sont écoulées. Elle se réchauffe, ses mains gelées ne lui permettent pas de prendre le volant pour le moment. Elle appuie sur le bouton de son autoradio en souriant, de la musique. À la lueur de ses phares qui éclairent le lac plus loin maintenant, elle se remémore la phrase de la petite lors de leur dernière conversation. Malgré son âge, elle a bien compris, faire confiance en l'amour c'est faire confiance à l'avenir. Elle se promet de tout mettre en œuvre pour avoir ce nouveau diplôme, *son* diplôme d'amour ! Et comme elle est tout simplement elle, avec une mention bien sûr !

La réalité

*L'amour, c'est l'un qui souffre et l'autre qui regarde, et je fus
toujours l'autre, et, cela, je le garde !*
Edmond Rostand

1

Au Château

De retour à sa réalité et, de réflexion en réflexion, Tonia reprend une fois de plus des études. Mais ce diplôme-là est sans nul doute le plus important et le plus dur à obtenir. Il n'a pas de support, pas de reconnaissance légale. C'est le diplôme de l'amour de la vie pour pouvoir aimer et être aimé. Un diplôme validé par l'expérience, les remises en question de croyances, de valeurs ancestrales et du regard des autres qui permettent un certain retour sur un positionnement dans la société. Dans son environnement proche, certains l'affublent de sobriquets comme vestale, sorcière, sage. Grâce à ces trois mots par exemple, elle a un peu d'avance et valide déjà certaines options. Ce qui est encourageant, c'est que leur validation permet de s'exempter de certaines unités de valeur, un gain non négligeable pour l'obtention de ce fameux diplôme d'amour. Elle n'oublie pas l'option suggérée : arrêter de fumer, aïe !

En se rendant au Château, où se trouve son lieu de travail, elle constate que la statue représentant l'amour dans la vitrine du bijoutier d'à côté est toujours là. Il est fermé bien sûr. Cette statue symbolise bien ce diplôme, se dit-elle, au cas où elle réussirait avec brio. D'abord, négocier son prix avec la gérante, ce serait un joli trophée représentant la réussite. Un peu plus loin, elle pousse la porte de VitSaint, le grand groupe spécialisé dans la santé et le médico-social pour lequel elle travaille. Elle forme à la numérisation tous les collègues, les nouveaux entrants d'établissement repris pour le compte de ce groupe. Elle valorise et vulgarise les méthodes innovantes d'une organisation totalement digitalisée, concept qu'elle a mis en œuvre trois années plus tôt. BIG, le PDG, est le chef d'orchestre et la tête pensante de cette organisation novatrice. BIG ! Pour certains cela signifie *Big boss,* mais pour lui c'est l'acronyme formé des trois lettres des valeurs du groupe : Bienveillance, Innovation et Gestion rigoureuse. Elle y croit, elle y voit ce qu'elle préconisait dans son mémoire de Master : le RHOC, le triangle gagnant pour une entité performante. Le RHOC s'appuie sur trois piliers. Le premier, le plus important, les Ressources Humaines : l'opérationnel, le lien à la matière. Le second et le troisième, les outils : une Organisation numérisée, digitalisée et une Communication dématérialisée. Tonia écrit la partition, met le tout en musique avec du cœur et y ajoute parfois une petite note de son cru. Les petits coups de génie.

En arrivant, elle plaisante avec trois de ses collègues masculins (elle préfère ce nom à celui assigné par la mode entrepreneuriale, collaborateurs. Il n'a échappé à personne que de dire les collabos est péjoratif et pourtant, ce nouveau monde professionnel persiste et signe. Tonia résiste à ce nouveau langage qu'elle considère comme intrusif avec une connotation anglo-saxonne et militaire : *Chief of...,* etc.). Comment passer ce diplôme ? L'un d'entre eux, croyant, préconise la prière, faire appel à l'Au-delà. Un autre plus pragmatique lui conseille les sites de rencontre. Elle lui répond :

— Arrête, cela prend du temps. C'est chronophage d'écrire des conneries tous les soirs. Et puis, 90% sont mariés en réalité, ils veulent juste tirer un coup et les 10% restants, les vrais célibataires, soit ils ne le sont pas pour rien, soit ils cherchent une mère de substitution pour leur semaine de garde. Des divorcés débordés.

— C'est marrant, mon amie d'enfance me dit la même chose.

— Ben, tu vois !

Tonia est toujours agnostique, mais elle reconnaît à ceux qui croient la force d'âme supplémentaire que donne la foi. Alors elle passe commande d'une prière au croyant. Mettant toutes les chances de son côté, elle ne refuse pas un peu d'aide pour une fois. Elle a décidé de passer ce fameux diplôme ambitieux et ce n'est pas si simple. Une des difficultés majeures est de lâcher des certitudes et des croyances du passé. Laisser l'espace libre pour un autre paradigme en se débarrassant de toutes les contraintes typiques du jugement envers soi ou envers les autres. Toutes ces idées qui sabotent et polluent les ressentis et les actions. Se défaire, enfin, de tout sentiment suscitant la souffrance, encore présente en elle. Il lui faut faire un grand coup de ménage émotionnel. Laisser au passé les chimères forgées par des pensées limitantes inculquées par l'éducation et la société (et d'autres illusions) et faire place nette. C'est bien là, la première épreuve : passer le balai dans son esprit, son âme et son cœur en s'appuyant sur *ses* valeurs : authenticité, vérité, sincérité, loyauté, et en refusant la médiocrité. Quant au corps, elle s'en occupe bien, il a bien fallu, cette enveloppe a l'art et la manière de signifier les maux. *Esprit sain dans un corps sain*, Tonia ajoute sans état d'âme la contrepartie *Esprit souffrant de trop de mots, corps mutilé par les maux*. Bon, c'est déjà ça, son esprit ne va pas si mal. En attendant de mettre son tablier émotionnel, elle réserve son billet de train aller-retour pour l'Isère. Elle doit s'y rendre une semaine sur deux pour former aux méthodes digitalisées les personnels d'une clinique mutualiste. Cette clinique est la dernière reprise du groupe. Reprise surprenante et inattendue qui entraînera de grands changements organisationnels et humains pour les équipes déjà en place, et par la suite de grosses difficultés non anticipées. Mais, pour l'heure, c'est l'enthousiasme qui prévaut.

Puis elle commence le ménage en vidant sa boîte mail personnelle ouverte en 2016, qui contient des messages la reliant encore trop au passé. Elle parvient enfin à appuyer sur *vider la corbeille*. Voilà, ça c'est fait. Plus de traces de correspondances affectives d'antan. Elle a beau faire la maligne, tout ça la contrarie quand même. Son dos est meurtri et elle peine à se lever. Elle passe donc cette dernière journée de la semaine en télétravail. Sur le perron de son appartement-maison, aux Fées libres, plus loin, dans l'un des jardins d'en face, elle a vue sur un immense sapin en relief dans le ciel. Tout en haut, deux branches semblent être deux visages qui s'embrassent : la cime aux amoureux la nargue toujours et plus encore lorsqu'un couple d'hirondelles se pose dessus… Des hirondelles, déjà ! Elles ont pourtant l'air en pleine forme. Elle les regarde se poser pile au centre des deux têtes qui s'embrassent. Elle ne sait trop que penser. Ne voulant pas interpréter ce signe, elle retourne à son labeur.

À la fin de la journée, elle file faire des courses avant le couvre-feu. C'est le rush. La chandeleur, elle avait oublié ! Son fils, c'est sûr, va réclamer ses crêpes. Son dos va mieux et c'est tant mieux. Cette semaine, elle a fait trois crises d'angoisse. Elle essaie de comprendre pourquoi. L'actualité ? Le masque et le manque de liberté culturelle l'embêtent, mais pas au point de lui serrer l'estomac.

C'est sûr, elle s'inquiète de l'opération de son fils et de son avenir, tout autant que du sien. Doit-elle faire le deuil d'un autre ? Vieillir, est-ce forcément synonyme de solitude ? Elle se trouve encore jeune pour finir au fond du panier à linge sale. Pourtant la société se charge d'écarter largement ceux qu'elle considère comme hors du jeu, et avec la Covid, c'est démultiplié. C'est paradoxal cette volonté infernale de garder à tout prix et le plus longtemps possible les gens en vie, qu'ils soient en bonne santé ou non. La vraie question, pourtant tabou, c'est l'euthanasie ou le suicide assisté. Tonia voit tout cela avec perplexité et beaucoup de questionnements. Quel intérêt y a-t-il à vivre plus longtemps si c'est finalement pour rester enfermé chaque jour ou être isolé sans aucun espoir d'un meilleur avenir ? À quoi bon travailler plus longtemps ? Et à la condition de pouvoir garder son travail ! Sur le marché du travail nous sommes *seniors* dès la cinquantaine, *personæ non gratæ*, trop chers, trop vieux, trop tout. Eh bien, ne pas espérer est la solution qui permet de ne pas être déçu. Pas d'illusions. Voilà…

La secrétaire du groupe a finalement réussi à relouer un appartement pour son séjour. Tonia s'en réjouit. L'hôtel façon crise sanitaire, même luxueux, cela devient pesant. Au moins, elle passe des soirées un peu plus humaines en partageant son séjour avec un autre de ses collègues. Pas de reconfinement pour le moment, seulement un durcissement aux frontières, il était temps. La fermeture annoncée des grands centres commerciaux est plutôt plus logique et plus favorable aux petits commerces, dont certains n'ouvrent plus d'ailleurs. Tandis que la détresse psychologique explose dans le pays, Tonia, sur le terrain, s'emploie à dépasser cette crise. À défaut d'espoir, sentiment conduisant au malheur puisqu'il n'est jamais à la hauteur de ses rêves, elle a un nouvel objectif auquel s'accrocher : réussir son diplôme d'amour. Ce n'est pas rien !

Elle partage donc sa dernière soirée avant son départ avec l'une de ses amies et ancienne voisine de plus de vingt ans, Madame TIG. Elles discutent fin de vie et donc investissement pour assurer et assumer leur retraite. Matérialiste, pragmatique, carriériste et très réaliste, cette dernière prévoit, finance et investit. Tonia, plus rêveuse, immatérialiste, voire immature sur ce sujet est de fait bien moins préparée. Elle conclut l'échange avec humour :

— Bon, au moins, si je suis à la rue, je pourrai toujours louer ton meublé.

Elle laisse une part à l'imprévu, aux surprises de la vie, mais c'est sûr, cette attitude peut aussi la conduire à la rue.

Elle récupère son fils pour dîner. Lorsqu'elle part, il ne fait rien paraître mais son opération des cervicales l'angoisse sûrement. Elle aimerait pouvoir atténuer davantage ses maux mais elle est comme lui obligée de patienter. La crise sanitaire ayant conduit au report de la plupart des opérations dites programmées, cette attente est pesante. Il s'occupe en se mettant des priorités : la première, se requinquer dans ce monde de fous sans perspectives à moyen ou long terme pour les jeunes. Lui, comme il le dit,

— Au moins, j'ai une perspective : me soigner durant cette année de confinement, perdue de toute façon.

En partant, il prend rendez-vous pour le dimanche suivant : crêpes au menu ! Ils ont repoussé la Chandeleur aux caprices de leur calendrier. Puis, une fois encore, Tonia se retrouve devant son casse-tête, faire sa valise pour une semaine grenobloise.

2

Belledonne, la Chartreuse et le Vercors

En sortant du TGV arrivé à l'heure, elle programme sur son portable l'itinéraire pour se rendre à pied à l'appartement loué. Les trois chaînes montagneuses, Belledonne, la Chartreuse et le Vercors, entourent majestueusement et pour toujours, cette grande ville encaissée.

Elle retrouve vite ses habitudes et investit la même chambre qu'elle avait occupée quinze jours plus tôt. Cette fois, elle partage l'appartement non plus avec Émilie, la secrétaire de BIG, mais avec le responsable de l'infrastructure informatique du groupe. Cette collocation se passe bien, elle est plutôt sympathique, même si elle pouvait susciter des ragots. Elle pourrait faire *jazzer* ! Même pas… tous les deux sont restés discrets et courtois. Les sommets neigeux grenoblois commencent leur fonte sous les rayons du soleil de plus en plus généreux. Le lendemain, elle se rend très tôt à la clinique, où elle retrouve BIG. Il est et reste un homme très, trop occupé, très, trop seul et qui manque de sommeil, c'est un fait, un PDG.

Un petit retour en arrière s'impose ici. Lors de ses premiers séjours à Grenoble, Tonia a fait une belle rencontre qu'elle compte poursuivre : Libria, une psychologue préconisant une méthode novatrice et moderne en psychologie, la thérapie libre. Tonia a proposé de servir de cobaye. Elle teste la méthode en présentiel, l'enjeu est de l'adapter en se servant d'outils en partie digitalisés. Libria n'avait pas un seul instant imaginé qu'il y aurait tant de blessures à soigner chez Tonia. Leur rencontre lors d'une formation : elle lui avait souri, la voyant plutôt comme une personne solaire, sûre d'elle, la *Digital Catalyst* de ce grand groupe. Et pourtant, Tonia l'avait de suite assurée du contraire. Un hasard ? Certains diront une synchronicité. Toutes les deux ont divorcé en 2017 et toute les deux tentent de se remettre d'un amour impossible. Libria ne cesse de lui dire la chance que peut représenter ce genre de rencontre. L'effet miroir, *nos maux à penser, nos mots à panser*. Tonia, elle, plutôt fermée sur le sujet, n'y voit au début de leur échange rien de bénéfique, hormis la noirceur de l'enfer traversé. D'où sa demande. Leurs discussions sont fructueuses. Elles ont toutes les deux cette capacité de remise en question basée sur un socle commun : mettre de l'amour dans ce monde de fous, ouvrir les esprits et trouver l'équilibre. Une première séance optimiste et engageante. Tonia ressent progressivement les bienfaits de l'expertise et du savoir-faire de Libria. Rien n'est magique, tout est question d'adhésion, de volonté et de courage. Puis quand la libération émotionnelle agit, quand l'âme agit, la magie opère. Cette entrevue lors de laquelle Libria réhabilite petit à petit sa lignée dans des sentiments plus doux, lui permet de passer une UV (unité de valeur) pour son diplôme d'amour. Maintenant, elle attend de voir quelle note elle pourra s'attribuer a posteriori. En fin de séance, une fois quittée la salle, Tonia confirme à Libria :

— Je ne regrette pas d'avoir été à son bureau et d'avoir laissé à Conrad un cadeau d'anniversaire (c'est le fameux amour perdu, le mauvais cheval !). Pourtant mon entourage me l'a déconseillé. Je me sens mieux de l'avoir fait. Je me trompe, peut-être, probablement un film qui tourne dans mon esprit. Pourtant, j'ai ressenti tellement de souffrance en entrant dans ce lieu où il n'y avait absolument personne. Pas un merci, le silence total ! Ce n'est pas grave. Il est peut-être très heureux et il est certainement passé à autre chose. (Elle sourit tristement). Je suis dans ses vieux souvenirs. Il était *mon* amoureux, je n'étais pas *son* amoureuse.

Libria, prête à monter dans sa voiture, ressort et se rapproche de Tonia :

— As-tu pensé que son silence pouvait vouloir dire l'inverse justement ? Le silence, soit violent soit comme un cadeau, peut vouloir dire tant de choses. Une façon actuelle de pouvoir te faire évoluer dans ton chemin de vie. Tu as mis de l'amour dans sa blessure.

— Blessé, lui ? Si c'est le cas, alors tant mieux, j'y ai mis de l'humour aussi. L'est-il seulement… blessé ? J'en doute. Je préfère me dire qu'il est passé à autre chose, cela me permet d'avancer. De toute façon, je n'étais qu'une expérience pour lui. J'aurais dû l'entendre et me méfier.

— Il t'a permis d'exacerber ta créativité, ce n'est pas rien. Vous étiez l'un pour l'autre un miroir pour soigner vos blessures. Fais les choses pour toi maintenant.

— Je ne perçois pas encore les choses comme ça. Pour le moment, je ne discerne rien de positif dans cette histoire, seulement de la souffrance.

Tonia prend l'air d'une pimbêche et ajoute :

— Et je fais tout pour moi, je t'assure, à tel point que je ne peux plus me voir.

Sur le retour, elle ne peut s'empêcher d'avoir un pincement au cœur. Elle l'évacue très vite en se concentrant sur la raison de sa présence en Isère : former les nouveaux collègues. En tournant en haut de l'escalier pour regagner son bureau, afin de récupérer ses divers sacs, elle passe forcément devant celui de BIG. Sa porte est toujours ouverte, elle lui sourit et le salue. Elle ne sait pas pourquoi mais de le voir, là, tardivement, la rassure, et pourtant il peut parfois se montrer dirigiste, voire désagréable. Elle débriefe avec lui sur cette journée de formation. L'accueil des personnels médicaux reste froid, parfois difficile. Elle confie dépenser beaucoup d'énergie pour les convaincre. BIG, optimiste, s'en amuse et la soutient dans ses démarches.

Grâce à l'appartement tout près du lieu de travail, elle a pu organiser sa journée et s'adapter aux horaires du couvre-feu. Le besoin de passer faire deux, trois courses pour les petits-déjeuners et dîners l'a conduit au petit supermarché du coin. La queue à la caisse est impressionnante, dix-huit heures c'est trop tôt ! Pas le choix, tout le monde afflue en même temps ! C'est Covid ça ?

Rentrée, enfin. Elle allume son ordinateur pour finir sa journée de travail. Elle se sent bizarre, son estomac se noue. Elle est encore seule. Son collègue doit être en train de démêler des câbles numériques. Elle essaie d'imaginer sa vie à Grenoble. Le fait est, qu'à part la vue sur les montagnes, la ville ne l'attire pas du tout. Tonia se pose beaucoup de questions. Elle aimerait un avenir, un à venir. Elle se sent prête pour vivre et construire autre chose, mais pas seule.

Cette semaine se poursuit à la vitesse de l'éclair. Elle est de nouveau dans le TGV, direction Paris. D'habitude bondée, la gare de Lyon est presque vide. Il en va de même pour le métro et le RER. La crise sanitaire régule les flux. Quant au virus, il circule toujours.

3

Aux Fées libres

Arrivée aux Fées libres, dans son appartement perché au premier étage d'un grand pavillon, elle défait sa valise et lance une machine. Comme convenu, son fils doit arriver pour leur repas crêpes. Elle doit donc faire les courses nécessaires et vite. La flemme de prendre sa voiture l'emporte sur la pluie. Elle a envie de marcher de toute façon. Elle prend son sac-à-dos, ses baskets et la voilà partie. Elle a bien fait. Sur le retour, elle trouve à ses pieds un joli petit cœur noir. Probablement celui d'un porte-clés. Elle le ramasse. Tonia a un petit côté *rien n'est dû au hasard,* trouver un objet, pour elle, est un signe à décrypter. Il est là, pourquoi ? Alors, comme toute chose inspirant des signes, elle le mettra dans sa boîte à objets trouvés. Chez elle, ce petit cœur subira un traitement de faveur : par principe d'abord, et Covid oblige, elle le met dans la machine. Une UV supplémentaire providentielle validée pour son diplôme d'amour ? Même si ce cœur trouvé n'est pas rouge, mais noir ? Il y a encore du chemin à parcourir avant l'obtention du diplôme.

Exacerbé par les émotions ressenties lors de sa dernière séance avec Libria, l'amour est au centre de ses préoccupations : l'amour de la vie, l'amour de soi et l'amour d'un autre aussi. Mais comment ? Être positive et y croire. Cela lui vaut quoi ? Une retraite de cinq jours. Elle se cloître chez elle pour plonger en elle-même. Elle fait du télétravail pour les urgences et l'essentiel. Pas de télévision, pas de musique, rien. Seule à seule, elle médite, beaucoup, elle se recentre, elle se concentre, fait appel à tous ses sens afin de faire monter son intuition au paroxysme. Elle écoute, elle voit, visualise… flashs, visions et pas de rêves.

Une première fois, c'est sa tante qui s'invite. Tata Jeje est la Dame-Blanche, la demi-sœur de la mère de Tonia. Elle prendra soin d'elle, la prendra sous son aile après le drame, le traumatisme familial causé par le décès – le meurtre – d'une mère, d'une sœur.

Dans une pièce Tata Jeje est assise sur une chaise. Elle est vêtue d'une veste blanche avec de grandes poches. Elle félicite Tonia. Elle n'en revient pas de son chemin de vie effectué. Elle se dit fière d'elle. Tonia relativise, et lui verse joyeusement dans les poches de l'eau bénite de Lourdes offerte par sa sœur. L'eau déversée sort d'une bouteille bleue d'eau de rose artisanale qu'elle avait achetée au Maroc lors d'un trek dans le désert.

Dans un autre état second ou dans une posture de lâcher-prise, une autre fois, Tonia sort de son arbre de vie. Il est argenté, étincelant sous le soleil. Ses racines sont toujours dans l'eau d'une rivière limpide et au courant vif. Sur son tronc énorme, une arche est dessinée. Elle sort du tronc par cet endroit. Elle est vêtue d'un manteau blanc avec une capuche. Translucide et légèrement rosé, son visage a la forme d'un ballon ovale, sans yeux, sans bouche, sans nez, sans expression aucune. Tel un spectre, elle avance dans la rivière vers une petite fille de cinq ans, assise sur une pierre plate, qui porte une jolie petite robe brodée en coton blanc. Elle s'approche d'elle, très près, pour lui faire un signe de la main. C'est bien elle, enfant. Tonia l'attrape pour la mettre sur ses genoux. La petite disparaît alors en son sein. Puis elle se lève et arpente le chemin de la forêt non loin de là. Quand brusquement, devant elle, une porte explose d'avoir retenu trop longtemps une lumière puissante. La lumière s'échappe comme une vague qu'elle prend en pleine figure. Les traits de son visage apparaissent peu à peu, apaisés. Elle poursuit ce chemin en s'enfonçant dans la forêt. Elle est maintenant souriante, joyeuse, accompagnée par de nombreux chants d'oiseaux.

Un frisson la ramène à la réalité. C'est le manteau blanc neigeux recouvrant sa terrasse qui lui donne l'envie de sortir de cette léthargie. Elle ouvre sa porte et deux couples d'oiseaux arrivent sur l'arbre à la cime aux amoureux et l'encouragent par leur piaillement. Elle va faire une balade rafraîchissante, salutaire, dont elle rentre perplexe, réveillée. Elle était dans la 5D pendant 5 jours. Le lendemain, elle se résigne à aller au Château. Elle a rendez-vous le soir avec Vivien, un masseur, magnétiseur, qui a la particularité d'être aveugle. Une rencontre providentielle à un moment crucial de sa vie. Elle a subi un choc émotionnel important après un burn-out dont elle n'était pas complètement remise. Tombée réellement amoureuse pour être conduite dans une longue traversée de la nuit noire de l'âme. Elle refuse tout médicament ou arrêt maladie. Ces substances pour leurrer les maux sans les affronter. Non ! Vivien lui prodigue des soins et des massages magnétiques pour la sortir de sa déprime et pour soigner ses maux corporels afin de lui permettre de ressentir à nouveau son corps jusque-là devenu insensible. Une dissociation. Elle lui raconte cette semaine expérimentale où elle s'est terrée. Puis ce qui la turlupine, cette lubie restée en latence : la tarologie. Elle veut comprendre. Des trucs lui échappent. Elle décide de pousser le délire. Vivien l'encourage. Pour lui, elle est intuitive et a ce don de pouvoir voir, prétend-il.

Pendant le week-end, avec l'une de ses amies qui s'est invitée, sa Juju, elles investissent le rayon ésotérisme d'un grand magasin culturel. Son amie, dans la tourmente aussi, intriguée par cette nouvelle passion, se prend au jeu. Elles se connaissent depuis plus de cinq ans déjà. Elles étaient toutes les deux sur les bancs de l'université Panthéon-Sorbonne pour préparer leur Master. Deux femmes d'âge mûr parmi les jeunes. Devant les rayons pleins de tarots, de différents oracles et de littérature sur le sujet, Juju soupire :

— Ben, Darling, nous n'avons plus que ça !

— Tu as raison ma Juju, avec la Covid, c'est boulot, tarot, dodo !

Pour les célibataires, cette situation devient vraiment une épreuve proche de celle d'un prisonnier. La gestion des frustrations s'exprimant de différentes manières, Tonia a choisi la lecture de l'espoir à l'aide de cartes, de pendules et en sondant l'univers… à l'envers depuis un moment. Elles sortent du magasin en riant, les mains remplies de leurs achats, avec la forte envie de découvrir et d'exercer leurs dons (?).

De retour aux Fées libres, le fils de Tonia, Jer'Aime, arrive pour dîner avec elles. Évidemment, lui, très terre à terre, est moqueur. Et après avoir lancé quelques boules de neige à sa mère, il la taquine :

— Ah, ça y est, tu as fumé la moquette ? Tu n'as pas trouvé mieux comme os à ronger ? Tu ne me laisses pas ces trucs dans mon héritage ! Et dire que de super jeux de société sont faits par des artistes et vendus à des prix scandaleusement bas par manque d'acheteurs ! Et toi, ma mère, tu achètes ces jeux de cartes qui ne ressemblent à rien et qui sont vendus une blinde ! Franchement du char-la-ta-nis-me, du perlinpimpinnisme !

— Laisse-moi tranquille ! Cela m'occupe et m'amuse, ok ? De toute façon tu ne peux pas comprendre. Un taureau ascendant capricorne, avec la lune en bélier et vénus en gémeaux est aux antipodes d'un poissons ascendant vierge avec sa lune en scorpion et sa vénus en bélier. Tu es aussi intuitif qu'un bout de bois. Ah si ! Tu as du capricorne quand même… donc, tu as de l'intuition mais le taureau t'empêche d'y croire ! Grrrr !

Il éclate de rire. Il connaît sa mère. Finalement, son côté perché l'énerve et l'amuse aussi, et il le sait, son intuition a parfois permis d'éviter des catastrophes. Donc, il en rigole pour éviter d'en avoir peur. Ce délire aura permis de passer une journée d'éclats de rire avec son fils et son amie. Rien que pour ça, cet investissement en valait la peine. Plus branchée pendule, Juju s'exerce avec son nouveau jouet, et tente de l'apprivoiser après le départ de Jer'Aime. Tout un protocole. À la fin des exercices, qu'elle réussit avec succès à 100%, Tonia est sa première cliente. Elles verront bien si elle est meilleure voyante que celles que Tonia a rencontrées les années précédentes, dont les prédictions se sont in fine avérées décevantes, voire fausses. En revanche, la séance est gratuite cette fois. Tonia, elle, plus à l'aise avec les tarots, lui tire son avenir à l'aide de ses nombreux nouveaux jeux.

En ce début de semaine, malgré la petite voix dans sa tête qui lui dit *bouge tes fesses et va au Château*, son corps lui dit le contraire. Même si elle tente un dialogue entre eux, son esprit bien faible face à son corps en manque d'énergie ces derniers temps, ne fait pas le poids dans la balance. Donc, télétravail, ce qui lui permet d'avoir beaucoup plus de temps pour l'introspection. De toute façon, pourquoi aller au Château ? Après dix-huit heures plus rien ne se passe, ce qui l'oblige à partir bien plus tôt. Autant sonder son âme et le reste, histoire de voir ce qu'il reste à balayer pour repartir sur de bonnes bases. Si la Covid pouvait disparaître, cela aiderait aussi.

Bref, deux jours plus tard elle se lève, encore dans son rêve où elle tirait une carte avec l'image d'un beau Lion et l'inscription dessous, *mange du lion*.

Son cœur est maintenant ouvert et prêt à s'envoler, et ce n'est pas en restant cloîtrée chez elle que quelqu'un va le choper. Elle se décide à retourner au Château. En fin de journée, en rentrant, elle trouve sur sa route une belle branche de houx, qu'elle ramasse pour en profiter jusqu'à ce qu'elle sèche. Étrange plante, qui avant d'être reprise comme symbole par le christianisme, servait jadis, au temps des Romains, à éloigner le mal et la sorcellerie. Un genre de talisman pour porter chance.

Pour porter chance, oui, elle s'y accroche ! Elle change la phrase *à chaque jour suffit sa peine* en *à chaque jour suffit sa joie*. De la chance, elle en a besoin et ne refusera pas toutes les aides qui s'offriront à elle pour lui donner l'envie de continuer à croire au bonheur. Existe-t-il seulement ? Se cache-t-il dans les détails ?

De petits pas en petits pas, Tonia continue son introspection, même si elle s'oblige finalement à se rendre chaque jour au Château. Elle change son rythme de vie pour s'adapter à la crise sanitaire qui pèse de plus en plus sur le moral des Français et du monde entier. Elle a cette impression désagréable de participer à la fabrication d'une génération d'angoissés, de schizophrènes, de psychopathes et de futurs addicts aux anxiolytiques et autres antidépresseurs. Elle a cette sensation de vivre sous une dictature enrobée de mots à la mode, *bienveillance*, *vivre l'instant présent*, *cultiver le champ des possibles...* Une hérésie, un affront pour des sociétés n'ayant plus rien à offrir. Tonia s'adapte pour résister, comme toujours. Elle décale ses horaires, fait ses courses et ses achats compulsifs dans les quelques magasins ouverts entre seize heures et dix-huit heures et travaille à nouveau de chez elle, deux ou trois heures, le soir. Ainsi, la télévision n'est plus qu'un souvenir qui prend la poussière. Puis, elle s'exerce à renouer avec ses dons : l'intuition et la clairvoyance. Elle travaille la clairaudience aussi, son point faible. Elle médite encore un peu plus. Elle fait de petites expériences où les réponses doivent être clairement données par les signes, les rêves ou les cartes. Pour le moment, deux prédictions ou ressentis sont bel et bien arrivés : une panne mécanique automobile pour sa sœur avant son départ pour sa nouvelle vie dans le Sud, et un questionnement existentiel pour sa cousine Nini. Elle lui a téléphoné et confirmé ce ressenti. Des petits trucs. Pour elle, évidemment, c'est plus dur. Il est plus difficile de faire la différence entre ses souhaits et la réalité. Réalité parfois idéalisée ou à l'inverse sous-estimée : entre les deux, un monde. Où s'arrête le fantasme ? Une chose est sûre, encore une fois, c'est un marché juteux, une autre forme de croyance, croire en soi, la méditation, les pierres énergétiques, etc. Bien lucratif, tout de même. Et pourtant, Tonia s'interroge. La bienveillance, l'amour ne devraient-ils pas justement être dans la gratuité et la bonté d'âme ? S'il y a bien un domaine où l'argent ne devrait pas être le moyen d'échange, n'est-ce pas celui-ci ? Un débat de plus, l'aspect lucratif de toutes les formes ou sortes de croyances. Dans la hiérarchie économique, il y a toujours un profiteur qui se remplit les poches sur la crédulité d'autrui en vendant l'espoir, le fameux champ des possible, etc. Et abracadabra ! L'argent est un don ! C'est beau quand même ! Grâce à cette analyse, elle valide une autre UV : l'amour et le don de ce sentiment sont gratuits et ne doivent souffrir aucune attente en retour. L'amour doit être inconditionnel, sans ego, sans pouvoir, sans argent. Un vrai et grand défi dans nos sociétés.

Ah ! Ça y est ! La synchronicité numérologique s'étale. Il est 7 heures 57 ce 7 mars et elle a 52 ans (5+2=7). Avis aux spécialistes en numérologie ! Ses songes sont toujours aussi bizarres sans qu'elle puisse y trouver un sens. Des bougies blanches qui flambent dans une maison inconnue où se trouvent sa cousine Nini, son amoureux, Conrad, son fils et elle. Conrad, vêtu d'un pull-over gris usé, l'enlace et lui souffle à l'oreille : *c'est trop tôt*. Elle en rit, elle n'a plus trop de temps justement.

De nouveau, elle se trouve devant sa valise à remplir. De nouveau, elle part pour l'Isère, à l'hôtel cette fois. BIG est toujours là-bas. À son arrivée, ils échangeront rapidement, en mots-clés imagés, efficacité assurée. Il est très occupé, agacé, voire très préoccupé. Elle le devine assez facilement. Elle le ressent plus exactement.

Dans la semaine, elle revoit comme convenu Libria pour un *soin*. Elle n'utilise pas le terme *séance de psy…*, une nuance loin d'être anodine. Libria soigne l'esprit, l'âme et le cœur. Elle n'est pas non plus dans le sacro-saint *toute séance, pour être efficace, doit être rémunérée*. Pour elle, le cadre doit être développé et lié à l'évolution du besoin du patient. Pour Tonia, ce cadre s'apparente à une autorité proche de celle du bourreau. Libria propose justement de libérer ce schéma d'autorité enfermant, en lui proposant une connexion à son libre arbitre. Elles travaillent toutes les deux pour le même groupe. Elles partagent leurs expertises, sans savoir encore où cela pourrait les mener. Mais Libria est convaincue que leur rencontre n'est pas le fruit du hasard, c'était écrit. C'est vraiment une psy spéciale. Tonia lira son livre *La thérapie libre* avec beaucoup d'intérêt et d'admiration. Pendant le voyage en TGV qui la ramène à Paris, elle décide de se laisser porter et de profiter de tous les rares moments conviviaux possibles dans cette crise pesante. Elle réfléchit à l'organisation de son week-end. Elle prend son téléphone portable et met au point son anniversaire non fêté.

4

L'anniversaire joyeux

Après plusieurs messages laissés à ses proches, Tonia va souffler un cinq et un deux avec son fils, sa sœur Titi, son ex-belle-sœur Dany, Madame TIG, sa Juju et Poupette. Cette dernière a soixante-quinze ans et elle est aussi une de ses anciennes voisines. Pour elle, et d'autres de son âge, la crise sanitaire est une angoisse les incitant à se cloîtrer. Ces seniors retraités ont cru à la guerre déclarée par le président. Tonia est ravie de voir cette amie d'une grande distinction et d'une très grande intelligence. Elle a gardé l'esprit vif. Et surtout, elle a été d'une aide précieuse lorsque Tonia se réfugiait chez elle la dernière année avant son divorce et ce, malgré les heures très tardives.

C'est un dimanche ensoleillé, mais Tonia se sent brisée, désenchantée. La veille, pourtant, un homme au supermarché lui a redonné le sourire. Il l'a abordée en lui disant qu'il la trouvait très jolie et lui a tendu sa carte en espérant son appel pour faire plus ample connaissance. Elle ne le fait pas, *l'effet impulse* n'ayant pas fonctionné.

Que s'est-il passé le dix-huit mars 2021 ? Rien. Enfin, sauf si la vaccination a une importance. Ça l'est pour la France et pour la plupart des pays dans le monde, pour Tonia c'est… disons, qu'elle joue le jeu. Elle est plutôt contre. Donc, cette date est celle de sa première injection. Elle est vaccinée avec le Pfizer, qui lui vaut un beau malaise non encourageant pour faire le deuxième shoot-age (de gueule). Enfin, ça peut servir, vu les secteurs d'activités dans lesquels elle travaille et surtout pour protéger son entourage. Elle s'en voudrait si Poupette tombait malade, par exemple. En attendant d'être enfin démasquée, d'ôter le masque chirurgical de circonstance, elle continue de se concentrer sur son labeur et de s'adonner à sa nouvelle lubie. Dans son appartement, elle explore les tarots, les oracles, le ciel et les astres. Elle calcule, expérimente cette science. Vocation, croyance ? Très inexacte d'après ses statistiques. Mais les cartes, pierres et autres objets marabouts ont du charme. Elle travaille sa mémoire en apprenant par cœur la signification de chacun des arcanes majeurs, mineurs, etc. À défaut d'avoir un homme à charmer, elle charme le Bateleur ou l'Amoureux. Elle s'occupe et ouvre chacun des jeux qu'elle s'offre comme un cadeau de Noël, au grand désarroi de son fils qui compte les euros dépensés dans le charlatanisme. Pour Tonia, c'est une occupation comme une autre, comme le tricot ou d'autres choses qui l'ont occupée par le passé. Si elle n'avait pas non plus dépensé sans compter dans ces loisirs, son bas de laine serait plus garni. Elle le fait à fond, puis, quand elle sera gavée, proche de l'overdose, *next*. Cette lubie lui permet de se balader dans certains magasins restés encore ouverts, activité comptant parmi les premières nécessités. Eh oui ! Elle n'en n'oublie pas pour autant la réalité : poser sa clôture. D'ailleurs, elle a eu la chance d'obtenir sa commande en double par erreur. Cette aubaine lui permet de clôturer entièrement son extérieur. Pour la monter, elle appelle Y'âme, son ex-mari. Leur relation est plus apaisée maintenant et très amicale. Tout se passe bien, en bonne intelligence, et surtout, elle a confiance en lui et peut lui laisser ses clés sans crainte pendant les travaux.

La confiance. Elle croyait aussi pouvoir en avoir auprès de Conrad. Ce qui n'est plus le cas. Il l'a trahie. Mais, l'an prochain, son retour à l'Institut est obligatoire. Un coup dur qui l'oblige à certaines précautions. Retourner à ses premières activités professionnelles l'angoisse. Elle préfère ne pas trop y penser. Elle a quitté ce milieu du fonctionnariat, maltraitée et épuisée par l'équipe dirigeante de sa structure. Surchargée de travail, elle a subi un harcèlement silencieux, sournois, pour ensuite être placardisée et poussée vers la sortie. Écœurée, lessivée, elle n'a pas eu en partant la force de se défendre. Tout cela avec à la clef bienveillance, médaille et distinction. Elle est partie sans être soignée de son burn-out auquel s'est ajoutée sa déprime sentimentale. Elle a entamé une reconstruction grâce à ses nouvelles fonctions dans ce groupe privé, non sans mal mais surtout grâce à un environnement professionnel plus ouvert et plus riche. Ni étouffant, ni étriqué, ni aliénant, cet environnement est moins corporatiste, moins idéologique et sans culture de l'entre-soi. La fonction publique, c'est le pot de terre contre le pot de fer. Pas sûr d'être entendue. Nous parlons de la fonction publique où le droit de réserve des fonctionnaires est *ne pas faire de vagues*.

Et voilà, retourner à la case départ implique de revoir Conrad, toujours dans ce milieu. Pour s'assurer de sa neutralité, elle le sollicite avant son retour pour avoir une conversation. Ce Môssieur a entretemps, semble-t-il, oublié les bonnes manières : pas même un bonjour. Elle ne manque pas de le lui faire remarquer lors de ce coup de fil. Elle lui demande si c'est une nouvelle forme d'éducation ou l'expression de sa colère. Sa réponse est évasive comme à l'accoutumée. Visiblement agacé, voire énervé, – mais il la rassure, pas contre elle – il daigne lâcher un *bonjour*. Heureusement ! Deux ans sans nouvelles. Lors de leur échange, il précise ne pas parvenir à mettre de mots sur ce qu'il ressent pour elle, ou plus exactement sur leur relation. En revanche, il l'assure de son impartialité à l'égard de la femme professionnelle qu'elle est et qu'il respecte. Voilà ! À part cela, il temporise dans le contexte difficile actuel, elle n'est pas sa priorité et il n'est pas devin. Il s'en fout quoi ! Il a manifestement d'autres chats à fouetter, comme par exemple donner de l'intérêt à son travail administratif sans importance qu'il revendique, même s'il est inexistant dans le contexte de la crise sanitaire. Le télétravail : qu'en est-il vraiment dans ce milieu ? Ils ne sont pas équipés pour ! Du télé-chômage, plutôt. Il doit avoir des remords à être payé à ne rien faire, comme tous ceux dont l'activité dans le privé, réduite, est indemnisée par l'État : le *quoi qu'il en coûte*. Alors, il s'emploie à donner du sens à sa fonction en étudiant la qualité, lui confie-t-il, cette fonction valise, mise à toutes les sauces et dans tous les *process*. Une notion déjà galvaudée et plutôt insultante dans ce milieu, où le terme KPI (indicateurs de performance) est un gros mot. Elle ne lui dit pas que dans le privé tout le monde l'applique naturellement dans son travail et que ce n'est certes plus l'objet d'une fiche de poste à part entière. De fait, c'était un emploi à la mode, comme d'autres, pour occuper et payer certains diplômés de haut niveau et ainsi justifier des salaires démesurés. Cet échange avec Conrad lui vaut un coup de déprime, forcément. Son incapacité à la franchise la désespère et l'agace profondément, voire la met en colère (mauvaise conseillère). De plus, ce qu'elle ne savait pas à ce moment-là, et qu'elle découvrira après : la qualité, dans ce milieu, n'est pas l'étude des indicateurs pour la mesurer. A-t-il volontairement omis l'autre mot du catalogue ? Le titre exact est *Management et Qualité*, rien à voir ! Il s'agit de formations spécifiques, comme par exemple *Comment prévenir les risques et les conflits* ou *Comment gérer une équipe en télétravail* ou encore *Mieux se connaître pour mieux manager* : des formations sur le savoir-être pour *manager avec qualité*... Risible ici, même si c'est essentiel. Comme le lui dit souvent l'un de ses amis, la fonction publique est le degré zéro de l'efficience. De plus en plus difficile à contredire. La désorganisation logistique pendant la crise sanitaire lui donnant chaque jour un peu plus raison. Que dire ? Pour Tonia la fonction publique se résume de la façon suivante : des agents surinvestis, surexploités avec une charge de travail irrationnelle (les burn-out) et les autres débordés à les observer (les bore-out). Tous avec un même avancement et une même rémunération, quel mérite ! Elle n'est pas encore de retour parmi eux qu'elle est déjà exaspérée. Cette injustice l'énerve : une double peine. Encore. Comment va-t-elle pouvoir trouver une alternative à l'inévitable ? Ce retour obligatoire la ramène à un passé douloureux qu'elle s'emploie justement à oublier.

Avancer, regarder devant. Allez, elle se lance. Elle n'a pas oublié sa promesse, se créer une deuxième chance et passer son diplôme d'amour. Faisant une grosse entorse à son éthique. Dérogeant à ses principes, elle paie donc un forfait d'un mois sur un site de rencontre. Muselée dans ce nouveau monde : comment faire autrement ? Premier constat : payer ne rend pas la gente masculine plus intelligente, loin de là. Déprimant. Certaines remarques la plongent encore dans la consternation. L'incompréhension face à tant de bêtises la laisse sans voix, sans mots pour pouvoir répondre. Elle réfrène ses élans d'agressivité, voire de vulgarité et appuie sur la corbeille du profil. Beaucoup de goujats, d'ordures… et… Bref. Toutes choses étant égales par ailleurs, comme disent les économistes, sur ce marché, Tonia suppose que la gente masculine aurait beaucoup à dire aussi et quelques anecdotes insensées sur les excès féminins.

Au fond d'elle, elle veut y croire, elle espère qu'un, au moins un, fera la différence. Ils ne sont tout de même pas tous pourris, elle le sait. Son fils en est un exemple et cela l'isole. Évidemment. Ce monde n'est donc pas fait pour l'amour ? Ben non, sécurité, confort, argent et… cul. Tous amis, bien sûr. Et avec bienveillance. Des animaux. Même pas finalement. La faune est plus intègre dans son fonctionnement.

Mais quelle idée a-t-elle eu de s'inscrire sur cette plateforme ? Elle va devoir feuilleter, chaque jour, pendant un mois, un catalogue de vingt profils masculins pas malins. Chronophage comme activité, peu rentable, peu enrichissante et plutôt coûteuse. Il n'y a pas d'obligation de résultats ! Les algorithmes ne sont donc pas fiables, sinon, en toute logique, cette obligation serait une clause du contrat. Humm… et ce serait moins lucratif aussi.

5

Saint et terre, sanitaire

Les jours se succèdent et pour Tonia rien n'est routinier en cette période de crise sanitaire, bien au contraire. Il faut bien l'admettre, elle se trouve au bon endroit, au bon moment. Quoi de mieux comme expérience professionnelle que d'œuvrer dans un grand groupe de santé et de médicosocial en plein Covid ? Elle se sent utile et à sa place, active et vivante. Elle est donc dans la salle d'attente de l'une des cliniques du groupe, pour la seconde dose Pfizer. Sans angoisse, elle patiente. Elle ira ensuite faire un tour, là où il est encore possible de traîner ses guêtres. Une journée de travail vaccinal ? D'ailleurs, elle n'en a pas fini avec les cliniques. Sa sœur Titi passe sur le billard le mois prochain pour une prothèse au genou. Puis, le mois suivant, son fils se fait égorger pour une prothèse aux cervicales. Il n'en restera plus qu'un : lui ! (Référence au film *Highlander* et boutades répétées de ses collègues pour détendre son stress). Et enfin, pour Madame TIG, ce sera les deux poignets, les canaux carpiens. Jamais deux sans trois.

Assise dans le fauteuil, l'épaule gauche dégagée, prête à recevoir ce second vaccin, une fois n'est pas coutume BIG l'appelle mais, comme d'habitude à un moment improbable. À croire qu'il a les antennes de son cerveau reliées à celles de Tonia. Elle décroche en entendant la sonnerie spécifique de ce réseau… neuronal. La cadre infirmière arrête son geste avant que l'aiguille ne s'enfonce.

— T'es où ?

— Bonjour ! Je suis en train de me faire vacciner.

— Ah ok, c'est bien. Rappelle-moi.

Et il raccroche. Cet échange ne manque pas de faire rire la cadre infirmière du groupe, qui connaît ces deux personnages et s'exclame :

— Je ne vous envie pas.

Tonia lui sourit et lève les yeux au ciel. Cela l'amuse maintenant, et il a vraiment des antennes, elle en est sûre. Elle passe trois jours avec des maux de tête infernaux et des nausées, au point de se croire dans un bateau en pleine tempête. Merci Pfizer ! Elle reste chez elle à tanguer tout court, à se connecter pour bosser entre deux vagues et à surfer tant bien que mal sur cet océan agité pour continuer ses explorations virtuelles masculines et trouver l'homme.

L'un d'eux sort du lot. Très vite ils communiqueront par SMS pour mieux faire connaissance. Un premier rendez-vous pris… et raté. Le mec n'a qu'une seule idée en tête : faire l'amour dit-il, pour profiter de l'instant présent. Tonia remet les pendules à l'heure : dans ce contexte *baiser* est plus approprié comme terme. Et l'instant présent n'est à cet instant justement pas un critère, puisqu'elle projette. Elle a été pourtant claire, elle veut se donner la chance d'une vraie aventure amoureuse. Faire l'amour implique une envie venant des tripes et pour ça il faut du temps. Il n'en a pas (d'où le temps présent ?). Pour lui, cet acte est une des clés pour continuer la relation ou non. Comme Tonia est dans une dynamique de cœur pour construire et non dans celle du sexe comme appât, c'est chou blanc. Elle ne le regrette pas du reste. Lors de leur entrevue, son insistance à la tripoter l'a énervée. Il ne semblait pas comprendre que le mot *non* était une phrase complète. C'est sûr, il est difficile de leur en vouloir à tous ces hommes, juste leur expliquer pédagogiquement. Pendant des siècles, les sociétés leur ont fait croire que lorsqu'une femme disait *non*, cela voulait dire *oui*, un truc de mec quoi. Mais Tonia l'a bien assuré qu'un *non* de sa part voulait bien dire explicitement *non*. Gentleman, il la ramènera tout de même à son domicile. *Y'r'pleut,* comme disent les Normands. Entre les gouttes, Y'âme réussit tout de même à faire la peinture du mur de la clôture sur sa terrasse. Lui a plutôt bien encaissé les vaccins et il est en pleine forme.

Compte tenu du temps et des restrictions Covid, le dicton *en mai, fais ce qu'il te plaît* est une gageure. Tonia s'instruit. Elle a repris cahier et stylos et écoute de nombreuses conférences, notamment celles de Sébastien Michel, astrologue et tarologue. Elle lit aussi une thèse de D. Bourque en sciences des religions, *Pour un autre modèle d'analyse du taro*t. Même s'il subsiste de nombreux débats concernant l'origine de ce jeu, elle garde en tête que les érudits s'entendent pour le situer au quinzième siècle, en Italie et qu'il est un objet de savoir. Pourquoi ces jeux alors et particulièrement le tarot de Marseille sont par la suite devenus des outils divinatoires ? Pour Tonia c'est une vraie question. Ainsi, elle apprend l'histoire des cartes à jouer et leur évolution au cours des siècles. Le voyage de l'âme représenté dans les vingt-deux arcanes majeurs du tarot l'a particulièrement fascinée. Le voyage du Bateleur, l'arcane majeur I, aussi. Sa préférence va à l'écoute de la conférence sur YouTube *La légende du tarot retrouvé : les origines fabuleuses des arcanes majeurs*. Tonia ne fait jamais rien sans rien. Jusqu'au-boutiste, elle va décortiquer, analyser, explorer, s'enrichir… et le saviez-vous ? S'appuyant sur ses nombreuses recherches, Sébastien Michel indique qu'à la Renaissance, entre 1420 et 1450, de nouvelles cartes sont créées en Italie pour ajouter de l'intérêt à celles qui existaient auparavant. Elles s'appellent *triomphes* (qui deviendront les arcanes majeurs). Ces jeux sont à cette époque utilisés pour jouer et parier dans les tavernes.

Ces cartes triomphes ont déjà une signification ésotérique, philosophique, religieuse et morale : pourquoi cette dimension ? Parce qu'elles sont peintes par des artistes inspirés de cette période de la Renaissance et surtout par l'essor du néo-platonisme. Selon la légende, Marsilio Ficino (Marcel Ficin), homme de très grande influence qui traduit les textes de Platon et du Corpus Hermeticum, aura la responsabilité de l'académie de Florence. Son idée est d'utiliser des jeux de cartes à des fins pédagogiques (ainsi que le faisait Platon) pour enseigner les concepts du néo-platonisme aux étudiants de l'académie de Florence. Il s'intéresse donc aux jeux de cartes dans lesquels nous trouvons ces cartes triomphes. Elles sont très populaires à l'époque mais leurs caractéristiques changent selon les régions où elles sont utilisées dans des jeux d'argent. Marsilio s'intéresse uniquement aux *triomphes*. Il revisite toutes celles qui existent, en les ordonnant et les numérotant selon une organisation logique pour créer vingt-deux cartes expliquant le voyage de l'âme de la Terre jusqu'à Dieu. Ce jeu de cartes est dédié spécifiquement à cette académie et a pour but d'encourager l'apprentissage ésotérique, philosophique et spirituel : vingt-deux cartes pour expliquer les principes du néo-platonisme. Cette académie fermera car l'enseignement ésotérique et alchimique menace une certaine frange du catholicisme qui taxe d'hérésie ce courant, allant jusqu'à brûler de nombreuses œuvres artistiques dont les vingt-deux triomphes.

Mais l'histoire s'en mêle. Les moules en bois de ces cartes subsistent chez l'artisan qui les a fabriqués. Il ne reçoit plus de rente pour ce travail, et s'il le revendique il sera brûlé sur le bûcher pour hérésie. Alors, il les garde sans en parler et attend. Un peu plus tard, à la faveur de la guerre que mène le roi de France en Italie, il vendra ses vingt-deux moules en les présentant comme les moules du Tarot de Marsilio aux soldats français qui assiègent Florence. Quand ces soldats rentrent en France, ils les vendent à Lyon. Lyon est à cette époque la capitale économique de la France, la capitale financière de l'Europe et est considéré comme un grand centre culturel. 1507 est la date de la première trace d'un Tarot de Marseille. Mais pourquoi Marseille, alors ? À cette époque la ville de Marseille se lit Marselha en occitan provençal et se prononce *Marsijo*. *Marsilio* et *Marsijo* se prononcent de la même manière. Pour être rentable, le tarot de Marseille doit être vendu comme jeu de société. Les concepteurs importent le jeu de carte mineur italien, composé de quatre familles (coupes, bâtons, épées et deniers), auquel ils ajoutent les vingt-deux triomphes : les arcanes majeurs. Ils créent ainsi le jeu du tarot de Marseille qui comporte soixante-dix-huit cartes : ces quatre familles comprenant chacune dix cartes ainsi que les cartes de cours – valet, cavalier, dame (qu'ils ajoutent) et roi – et les vingt-deux arcanes majeurs. Incroyable ! Dans le jeu italien (la *scopa*), encore aujourd'hui, la figure de la dame (la reine) n'existe pas. N'est-ce pas là encore une trace d'un machisme passéiste ?

À force d'investigation, elle découvre également l'existence d'un musée de la carte à jouer. Ce musée est situé non loin de chez elle. Elle se promet de le visiter dès que ce sera possible. Ces conférences sur l'astrologie l'ont naturellement amenée à questionner les relations amoureuses et à poursuivre sa réflexion sur les relations dites toxiques, l'approche psychologique des liens d'attachement, les méthodes de développement personnel pour les appréhender et les comprendre ou encore sur la manière dont ces sujets ont été observés et abordés d'un point de vue philosophique ou historique. Elle écoutera donc une série de conférences enregistrées et mises en ligne sur le web par Véronique Kohn, psychologue et psychothérapeute à Montpellier. Il y a bien un pont entre astrologie, astronomie, tarologie, psychologie, philosophie et même économie. Les diverses méthodes de coaching sur le développement personnel usent et abusent des fondements de ces thématiques. Ils propagent ces savoirs à l'aide de mots-clés accrocheurs et restrictifs : du marketing ! Vidant ainsi de leur sens profond des études parfois très sérieuses. Pour faire quoi ? Du fric. Tout n'est évidemment pas bon à prendre dans cette voie. La vigilance est de mise dans ce milieu où l'âme fragile peut vite être happée par des âmes diaboliques, peu scrupuleuses, avides de pouvoir, d'argent, ou des deux. L'Homme a une priorité : satisfaire son ego et son portefeuille de plus en plus démesuré. Ne soyons pas dupes.

Comme pour toutes choses, il est primordial de garder son pouvoir de discernement et de faire le tri. Ce qui ne signifie pas qu'il faille tout jeter à la poubelle et ne pas essayer, ne serait-ce que pour apprendre, comprendre et se forger sa propre opinion éclairée. De chaque expérience il faut tirer le meilleur, le bon pour soi et pour sa tête. Il y a parfois de belles rencontres à la clé.

Sans nul doute, Tonia sait se faire du bien cérébralement. Elle nourrit son intellect grâce à sa curiosité. Elle vient de recevoir sa dernière certification (Diplôme Voltaire). Elle ne le dira à personne et le rangera avec les autres. Elle n'oublie pas de se récompenser comme elle sait le faire depuis maintenant des années. Elle s'offre un bouquin sur l'art de la cartomancie et trois autres jeux de cartes. L'un d'eux est un oracle sur l'amour, une façon de valider une UV de plus pour son diplôme. Sur le site de rencontre où elle s'est abonnée, c'est la misère… Ils sont moches, vieux, tristes… sans sex-appeal : c'est pathétique. Elle fait quand même l'effort de répondre à certains *likes* et d'en envoyer. L'ironie de cette histoire est que la plupart pense faire plus jeunes que leur âge et triche sur leur profil. Ils se rajeunissent souvent de quatre ans, cela semble être la norme. Tonia n'est pas candide et en rit. Bien souvent, ils font bien leur âge, voire plus. Elle prend le temps de leur expliquer son point de vue lors de leur rencontre. Elle perçoit leur déception quand elle devine leur âge réel : faire jeune est une attitude, une façon de penser, c'est un tout. Bref, elle… elle ne triche pas et, de surcroît, n'étant en général pas très photogénique, eux sont plutôt agréablement surpris par son physique. Ce qui n'est pas réciproque. Elle sait déjà qu'elle ne renouvellera pas son abonnement.

En payant, elle s'attendait à plus d'altruisme et de sérieux, même pas. Et rien à faire, ce catalogue de vingt visages à feuilleter par jour pour trouver l'autre… Elle trouve le procédé vraiment glauque. Pour être productif sur ces sites de rencontre la difficulté est toujours la même : le temps. Dans une rencontre, il faut du temps pour découvrir l'autre. Entre le boulot et les couvre-feu, nous en avons de moins en moins. Nous passons trop de ce temps à juste travailler et à être seul, voire pour certains, à ne rien faire du tout. Enfermés. Sans parler des échanges de flux et fluides. Le kit amour du célibataire aujourd'hui est un préservatif, un autotest, un masque chirurgical et du gel hydroalcoolique. Un tue l'amour garanti qui, c'est certain, ne facilite pas le rapprochement. Du temps gâché, jeté pour l'éternité. Amen. Comme ce temps est aux expériences et à l'adaptation à une situation improbable, Tonia se demande si finalement il ne serait pas opportun de se mettre à la pratique du tantrisme.

Enfin, le soleil semble vouloir se montrer. Depuis le début de ses vacances, c'est le déluge chaque jour. Elle a même rallumé le chauffage, c'est dire. Heureusement, elle est bien chez elle. Elle en oublie l'anniversaire de son fils : vingt-cinq ans ! C'est cinquante-deux à l'envers, pas besoin d'acheter les bougies. Elle invitera Dany, son ex-belle-sœur en pleine procédure de divorce et avec qui elle a gardé des contacts amicaux. Ils passeront un joli moment. Un fou-rire sur leurs souvenirs familiaux communs leur procure des larmes de joie et cela fait du bien de rire ! Puis, elle s'adonne à sa lubie dont le point central est la problématique amoureuse, et non l'argent bizarrement.

Elle se connecte donc sur YouTube et regarde des vidéos de tireuses de cartes : les *capsules love* de son signe, pour voir et écouter si c'est vrai. Capsules love : risible comme titre. Très marketing… Capsule argent, c'est moins vendeur et tout de suite plus lourd à avaler. La plupart des vidéos sont gratuites sur ce média et, ne l'oublions pas, au départ c'est un don, au sens propre comme au figuré. Ce média le permet. Ces tirages sont faits comme des spots publicitaires pour vendre ensuite une consultation personnalisée ou des stages de coaching et de formation sur le sujet. Cela dit, certains ou plutôt certaines font vivre leur chaîne sans esbrouffe ni publicité. Autre constat, la parité dans ce domaine n'est pas respectée. Il semble que la gente féminine soit plus intuitive, réceptive. Objectivement, Tonia dirait plutôt naïve et sensible. Une pensée lui vient soudain : le prince charmant se cache-t-il dans les cartes ? Le valet de coupe sans doute.

L'Empereur ne vaudrait-il pas mieux ? Elle poursuit son analyse critique, écoute les données sur d'autres signes de son entourage pour voir, comparer. En ce qui la concerne, elle attend toujours le coup de foudre promis depuis mars ! En revanche, la carte de l'arcane majeur de l'Ermite s'avère juste eu égard au travail d'introspection qu'elle poursuit, de compréhension de son moi... Elle le vit bien, elle le vaut bien, eh oui ! Elle constate tout de même une forte concordance dans les dires de ces diseuses modernes de bonne aventure. À très peu de différences près, elles prédisent la même chose sur un même signe. Et donc...

Prenez un signe : les poissons. La prédiction du mois est la suivante : Après une longue période d'isolement pour panser de grandes souffrances de trahison subies. S'ensuit une introspection, une grande remise en question sur les sentiments. L'amour arrive ensuite d'une façon inattendue. Quelqu'un du passé qui reviendrait semble-t-il, avec un peu de retard, mais il arrive ! Tonia comprend bien la première partie, quant à « l'amour arrive... », ma foi... Puis elle écoute les prédictions de plusieurs astrologues sur le signe du capricorne, celui de Conrad et de beaucoup de ses connaissances. Pour eux, c'est la galère : séparation, conflits, longueurs et retards dans les formations. Ils pensent trop avec leur ego plutôt qu'avec leur cœur et passent à côté de l'essentiel à force de mauvais choix. Ce signe semble subir tous les maux de la roue du zodiaque du fait de leur rigidité intellectuelle, disent-elles pour conclure.

Elle écoute ensuite une astrologue spécialisée en thèmes astraux. Elle est attentive aux explications sur les positions des planètes dans le ciel et leur influence sur sa chaque signe. S'appuyant sur la carte céleste, elle tire neuf cartes pour le signe et interprète les énergies que celui-ci va subir en fonction des positions des astres durant l'année. Ça donne un sens un peu plus terre à terre que *humm, je ressens que...*

Elle met une limite à ses investigations. Elle refuse de regarder des vidéos traitant des flammes-jumelles. Sujet qu'elle a déjà exploré. Après mûres réflexions et recherches, elle décide de ne pas adhérer à cette théorie. Elle considère que ce concept est une interprétation astrologique dérivée de ce qui s'apparente à une relation toxique ou à l'effet miroir décrit par la psychologie. Elle écarte aussi toute pratique abordée par le biais de la voix des anges, des guides… trop religieusement orientée de son point de vue. Pour Tonia ce n'est plus de la voyance ou de la guidance, c'est du fantasme, voire de l'endoctrinement. Un autre sujet.

6

Voyons voyance

Comme elle ne fait rien à moitié, elle possède déjà quarante-cinq jeux dont quinze tarots. Elle rit en les comptant. Elle se moque d'elle-même et ironise, il lui en manque deux. Elle a confectionné des tapis de jeux bien à elle et se trouve une méthode de tirage des cartes bien particulière. Une manière qui lui parle, *Made in Tonia*. Elle s'exerce ainsi, avant de pouvoir peut-être la proposer à autrui. Elle est son propre cobaye. Elle tire, euh… non, au Québec il faut dire *piger* une carte, puisqu'elle est bien prise au hasard. Elle pige donc sept cartes pour commencer. Elle prend des notes, s'amuse avec beaucoup de recul sur les résultats, rien n'est vrai a priori ! Qui détient la vérité sur l'avenir ? Personne. La pandémie en est un exemple criant. Cela dit, elle avoue croire à une certaine forme d'intuition développée chez certains plus que d'autres. Son expérience sur ses propres intuitions le lui a prouvé. Et là, nul

107

besoin de cartes. Un jour, les chercheurs en neurosciences trouveront la zone cérébrale concernée développée chez certains et à développer chez d'autres. C'est juste une question de temps. D'ailleurs, Tonia a l'intuition que la télépathie est le futur moyen de communication. Peut-être même avant sa mort, qui sait ? Parfois, elle s'exerce à pénétrer les cerveaux des personnes de son entourage, entendre leurs pensées. Certains pensent si fort.

Encore une fois, la pandémie est un accélérateur de défis pour vivre un autrement, pas forcément meilleur, mais différent. L'homme s'adapte très bien à son environnement mais il préfère panser avec l'intellect et l'ego, plutôt que penser cœur. L'intelligence émotionnelle, l'hypersensibilité développée chez certains individus est encore trop minoritaire et trop peu encouragée. Et pourtant, un équilibre n'est possible qu'entre trois éléments, pas deux. Avec deux, il y toujours un vide à combler… le joker, le fou. Dans son mémoire de master en théorie des organisations elle avait aussi abordé ce sujet. La psychologie a développé l'analyse relationnelle avec le fameux triangle de Karpman. Tonia en est persuadée, il faut donc un équilibre entre le QI (le quotient intellectuel, soit l'ego), le Q (le cul/sexe, soit le corps) et le QE (le quotient émotionnel, soit le cœur), en quoi résulte une belle âme équilibrée.

Elle est donc en vacances. Comme aucun voyage n'est possible sans s'exposer à des obstacles sanitaires, elle voyagera à travers les cartes en faisant le tour de la roue du zodiaque. Ce premier jour de vacances démarre donc avec le Soleil à l'endroit, l'arcane majeur XIX du tarot de Marseille. Il tombe des trombes d'eau. Mettre le nez dehors ? Pourquoi pas. Elle s'habille et file au supermarché, direction les produits de première nécessité. Elle remplit un caddy de jus de fruits et d'eaux pour faire le plein. Et voilà. Du coup, à plus de vingt heures, elle allume son ordinateur, traite ses mails et bosse, histoire de ne pas se coucher sur un *bof*. Un beau soleil. N'est-elle pas censée être en vacances ?

Le lendemain, c'est la carte du Bateleur à l'envers, parfois nommé le Magicien, que retourne Tonia. C'est lui, l'arcane majeur numéro I, qui à l'endroit est censé mettre le feu, le start pour un renouveau. Cette figure a tous les éléments en main. Sur sa table, tous les outils sont là : le bâton, la coupe, l'épée et le denier pour ce commencement, sans oublier les trois dés du destin qui affichent trois sept dont la somme est vingt-et-un (3 cycles de 7 cartes). Mais elle est à l'envers. Alors ? Elle procrastine, fait du sur place. Il pleut encore beaucoup. Elle veut avancer pourtant, mais où ? Pas de projets, pas de rancards, pas de ménage, pas de retards, tout va bien, alors… elle file chercher sa commande de deux nouveaux jeux de tarot, ceux qui manquent à sa collection, financés par son budget vacances. Faire le tour du zodiaque a aussi un coût. Puis, devant sa quiche confectionnée la veille, elle se dit *tout ça pour moi seule ! Quand même !* Elle appelle sa sœur Titi et débarque chez elle avec le repas. Lna, sa jumelle maintenant toulousaine, est là aussi. Titi est en vrac. Elle doit être hospitalisée le lendemain. La difficulté est de faire les valises (encore !) pour son séjour à l'hôpital puis au centre de rééducation. Le repas de Tonia est donc le bienvenu. Elles se régalent en passant une journée agréable entre machines, sèche-linge et placard pour dénicher les vêtements nécessaires et adaptés. Elles doivent se retrouver le lendemain pour finir tous ces préparatifs.

X, la roue de la fortune. Cette lame majeure à l'envers signifie la stagnation, rester dans le passé, le blocage… Lna et elle se sont fixé rendez-vous devant le supermarché. Super, les rayons de produits non essentiels ont réouvert ce jour. Elles peuvent vaquer jusqu'à vingt-et-une heures si elles le souhaitent. Devant le rayon chaussons, c'est le rush. Apparemment, beaucoup ont été usés. Une corrélation avec le soulier le plus porté ces derniers temps ? Ne devrait-il pas être un produit déclaré nécessaire pour les prochaines fois ? Elles trouvent les vêtements manquants pour Titi. Tonia en profite pour s'acheter des cosmétiques. Ils ne sont certes pas plus essentiels que les tarots. Ce sont des cadeaux de vacances. Elle fera rire ses sœurs avec ces achats compulsifs, effectués pour combler ses frustrations. Elles finiront leur matinée, jusqu'au départ de Titi pour l'hôpital, à laver, faire sécher le linge nouvellement acheté et boucler les valises. Avec une prothèse au genou gauche, Titi va pouvoir concurrencer les femmes bioniques. Tonia la rassure. Elles pourront de nouveau gravir des sommets improbables.

Cette nuit-là, elle fera un rêve étrange, très proche de sa réalité. Deux de ses anciens collègues du Groupe ont fini par être un couple non caché en dépit de leur vie maritale respective. Ils sont assis l'un en face de l'autre, jusque-là rien de surprenant. Tonia passe les saluer. À sa grande surprise, la jeune femme lui annonce son départ. Il est pour elle devenu trop difficile de travailler avec celui dont elle veut partager intimement la vie, très vite, maintenant. Ce n'est pas compatible avec la carrière et le positionnement hiérarchique de son homme. Elle part donc, pour légaliser et mieux vivre leur relation au grand jour. Pour Tonia c'est une décision sage et pleine de bon sens. Elle pressent que lui aussi, de toute façon, partira, mais un peu plus tard. Ayant tous les deux des postes stratégiques, cet amour étalé les a desservis. Elle leur souhaite forcément l'abondance du cœur puisqu'ils ont pris tous les risques pour vivre à fond leur coup de foudre. Ils ont écouté l'élan de leur cœur, c'est très courageux.

Devant son café, pensive, avec le soleil qui tente une percée, elle pioche une carte : VIII, la Justice à l'endroit. Elle signifie l'équilibre, la stabilité, la rigueur, la maîtrise des situations… Cette carte l'interpelle. Sur le net, il était aussi question pour les poissons de justice divine, de récolte sur ses actions passées. Récolter ce qu'elle a semé, en somme. L'au-delà va la récompenser de tous ses efforts accomplis et l'aider à se relever des grandes trahisons et injustices subies ? En attendant que justice soit rendue, ou pas d'ailleurs, divine ou non, elle doit elle aussi faire une valise. Elle a pris un billet pour Rouen, histoire de prendre un peu l'air et de partager du temps avec sa tante et sa cousine Nini, avec qui elle a été élevée. Elles ont six jours de différence. Elles partagent donc beaucoup de souvenirs d'enfance, d'école, d'adolescence… comme des sœurs jumelles. Titi, quant à elle, est sortie du bloc. Elle ne souffre pas et tout s'est bien passé. Pas de mauvaise surprise. Tonia peut monter rassurée dans le train pour Rouen. Elle s'installe et dort, histoire de prendre des forces. Elle passe une belle journée avec sa tante qui vieillit, à n'en pas douter. Les bobos s'accumulent.

Le soir, elle prend des nouvelles de sa sœur Titi : elle récupère bien, son transfert pour le centre de rééducation est programmé.

Le lendemain, elle se lève tard. Elle a passé sa nuit à écrire et corriger l'un de ses livres. Publier ? L'idée germe de plus en plus. Se lancer, sans douter de l'utilité et de l'apport d'un tel travail. Son esprit perfectionniste l'en empêche. L'auto-sabotage l'entrave, par manque de confiance en soi. Peut-être aussi ce fameux syndrome, celui de l'imposteur. Elle part dans les rues piétonnes de Rouen, seule avec cette idée en tête, s'auto-persuader et aller au bout de son œuvre, publier. Elle est ravie, les magasins sont de nouveau ouverts. Des gens en terrasse rient, probablement heureux de se voir, de se revoir. Lorsqu'elle rentre, Nini et sa sœur aînée sont toutes les deux là pour le repas. Elles papotent famille, l'introspection probablement. Tonia n'oublie pas de prendre des nouvelles de sa sœur Titi, qui doit en fin d'après-midi quitter l'hôpital pour le centre de rééducation près de chez Tonia. Ce centre où elle-même avait effectué sa consolidation à la suite de son intervention chirurgicale pour une ligamentoplastie au genou gauche. Il y a déjà si longtemps ! Tonia aussi vieillit et… toujours pas d'amoureux. Elle repart pour Paris en fin d'après-midi sous la pluie qui ne cesse de tomber. Un retour compliqué : elle n'a pas prévu les travaux sur la ligne C. Inquiète de ne pas avoir reçu le message habituel et rassurant par SMS *bien arrivée*, sa tante l'appelle. Tonia est encore dans le train de banlieue, son voyage s'éternise.

Elle se couche tard, crevée, se lève tard sous la grêle maintenant. À quand l'été ? C'est déprimant. Elle s'affaire entre machine à laver et repassage, cela réchauffe. Elle appelle aussi sa sœurette Titi sur WhatsApp : elle a bonne mine, récupère bien, prête pour le marathon. Elle lui raconte ses exercices de convalescence et Tonia son petit week-end rouennais.

— Tu sais quoi ? dit Tonia, c'est drôle quand même. Vendredi soir, je ne sais pas pourquoi, j'ai montré à tata un reportage sur YouTube, *Le sens caché des croix. Mysteria*. Et dimanche matin, Nini s'offusquait d'être la seule à n'avoir pas eu quelque chose de personnel de son père après son décès en 2013. Eh bien, elle et sa mère en réfléchissant l'une et l'autre ont finalement pensé à la même chose : la petite croix de Jésus qu'il portait autour du cou. J'ai trouvé amusante cette coïncidence.

Grâce à la visio de ce réseau pratique, elle lui montre sa collection de tarots grandissante. Elle en rit. Tonia aime bien ses cartes. Elles racontent des histoires vraies ou fausses, elle s'en fiche en fait. Elles racontent. Pour ses statistiques, elle veut de toute façon continuer l'expérience. Lna a-t-elle réussi son concours ? Son intuition dit oui, les cartes disent non. Conrad va-t-il l'appeler cette semaine ? Son intuition dit non, les cartes disent oui. Bref, elle saura vite qui dit vrai.

Elle pianote sur le net pour trouver ce que signifie rêver de raisins rouges et verts. Cette nuit dans son rêve, sa tante lui tendait du raisin rouge et du raisin vert. Elle lui disait : *Mange le raisin rouge surtout, allez, mange-le*. Des rêves.

Elle continue son voyage zodiacal, dans son appartement. Chaque jour, elle prend une nouvelle carte. À ce rythme, elle va faire les vingt-deux arcanes majeurs en vingt-deux jours. (Un défi à Jules Verne ? Cette pensée l'amuse). Hélas, rien ne se passe, malgré la lame, X, La roue de la fortune. En revanche, elle rêve. Cette dernière nuit, un ancien collègue de l'institut où elle travaillait avant 2017 lui annonce son second divorce. Elle n'est pas surprise.

Sans surprise, non plus, elle reprend sa semaine en télétravail, qui débute par une réunion à huit heures. La réunion terminée, elle pige une carte de l'un de ses jeux qui traîne là, à côté de son ordinateur : le diable, l'arcane majeur XV. Argent ? Sexe ? Le diable, quoi. En fin de journée, elle répond *oui* pour un rendez-vous avec Tom. Un *sex friend*, depuis près de deux ans. Il est en couple, a une vie de famille et il a douze ans de moins qu'elle. Ils aimeraient bien des retrouvailles tendres et sensuelles. Un moment diablement bon, quoi !

Le jour suivant, encore un rêve étrange. Des jeunes ont garé leur voiture dans son jardin. Étonnée, elle leur demande gentiment et avec humour de l'enlever. Ces derniers lui répondent non. Puisque son portail est grand ouvert, ils s'octroient ce droit. Tonia négocie encore et rien à faire. Énervée, elle monte dans la voiture, et la sort. N'importe quoi !

Toujours en télétravail, elle ne chôme pas. Elle est devant son ordinateur, à côté duquel son téléphone ne cesse de biper. Ce sont des messages de Tom qui la relance. Et puis, comme il n'y a rien de concluant côté site de rencontre, alors… Du reste, elle s'est fait avoir avec son abonnement : eh oui, elle a omis de paramétrer la durée de celui-ci. Alors, elle est repartie pour un mois de plus. Elle a oublié cette incitation à la consommation : c'est au client de bloquer la reconduction automatique. Illégal de son point de vue, ce procédé s'apparente à de la vente forcée. Bref, dans le catalogue, elle pige un médecin. Après plus de trois heures d'échange, ils se donnent rendez-vous. À suivre. Il semble drôle, Doc.

Bon an mal an, elle file au Château, profite enfin, avec un collègue, d'un déjeuner en terrasse sous un soleil chauffant. Le lendemain, elle remet cela avec d'autres collègues. Un dîner sympa dans un autre restaurant gourmet du coin. Ces lieux leur ont manqué. Elle rentre tard. Doc et elle ne cessent de textoter… Il s'ennuie. Le contexte de la Covid l'a achevé et dégouté définitivement de son job. Il a jeté stéthoscope, aiguilles et bistouris pour une reconversion et réaliser son rêve, être psychologue. Il est en formation. Manifestement, cette reconversion n'est pas un hasard. Il ne vient pas au rendez-vous prévu, prétextant une gastro. Il a manifestement besoin de psychologie. En fait, il a fait une grosse crise d'angoisse, avouant la veille à Tonia qu'elle lui faisait peur, ne voyant pas ce qu'il pourrait lui apporter. Ni financièrement, ni matériellement, ni intellectuellement. Un comble. De l'amour et de l'attention peut-être ? Non ? Franchement, pas besoin d'être psychologue pour avoir compris ! Leur relation s'arrête donc là. Tonia n'a pas envie de ce genre de prise de tête.

Heureusement, elle voit Tom, le lendemain. Somme toute, un doux moment faisant le plus grand bien. Entre eux, il y a une vraie alchimie sensuelle et physique. Ils s'accordent parfaitement pour dire qu'ils sont leur meilleur coup et sans amour. Puis, pénitence. L'arcane majeur V, Le pape, et à l'envers. Ça ne s'invente pas.

Elle continue ses statistiques cartomancie. Les cartes sont belles et chères. Donc, pour les deux questions de la semaine précédente, 0% de réussite avec la cartomancie, 100% de réussite avec son instinct. Conclusion, un très mauvais investissement. Elle se réjouit pour sa sœur Lna. Elle est apaisée et se projette dans un avenir beaucoup plus serein à Toulouse. Elle arrête son travail d'infirmière intérimaire, elle va enfin cesser de vacciner à qui mieux mieux contre la Covid. Elle s'octroie un mois pour souffler et aménager sa nouvelle maison. Puis elle reprendra sereinement son emploi fixe. Ce pour quoi elle a œuvré et s'est investie toute sa vie : être Cadre de santé en PMI (service de protection maternelle et infantile).

Les jours suivants, un rêve des plus curieux encore. Des œufs ! Pleins d'œufs de poule. Certains sont cuits à la coque. Elle mange des œufs. Elle se prépare et file voire sa sœur au centre de rééducation avec un petit paquet d'un bijoutier aux multiples charmes pour son anniversaire. Elle ne s'est évidemment pas oubliée et en a profité pour se charmer aussi. À nouveau, elle stresse. Jer'Aime passe sur le billard. Pour passer son angoisse, elle se connaît, elle va s'affairer à faire du ménage, à astiquer partout. Une façon de singer un temps qui ne passe pas assez vite. Elle regarde ses tarots. Depuis le début de la semaine, sont retournés devant elle la Papesse, la Roue de la fortune et l'Arcane sans nom nommé aussi le Mat, ou la Mort, c'est selon. Cela la laisse rêveuse, aucune cohérence dans tout ça. Et pourtant, elle ne ronge pas cet os pour rien : elle a l'intime conviction qu'il faut qu'elle persévère.

7

Quand le mal s'en mêle

Elle tient sa tête, accoudée devant un café en attendant son train pour rentrer à Paris. Encore une fois, Tonia est à la gare de Grenoble, fatiguée d'une semaine éprouvante, entre formations intensives, voire éprouvantes. Les échanges avec son PDG sur l'ambiance de ces sessions pendant lesquelles elle se fait parfois malmener… Dans la série pas de bol, l'alerte incendie à deux heures du matin de l'hôtel : elle s'est retrouvée dehors, sur la place, en shorty pyjama… La soirée plus sympathique chez Libria mais chargée émotionnellement. Elle attend ce train comme une libération pour faire une pause et digérer ces effets yoyo d'une telle semaine.

Libria lui a offert une soirée et une nuit off chez elle. Cette femme divorcée, mère de quatre enfants, mène de front sa carrière, ses recherches, l'éducation partagée de ses trois fils et de sa petite dernière. Elle ne boude pas son plaisir à partager avec eux tous, et l'une de ses amies, une bonne soirée et un vrai repas de famille. Les plateaux tout faits et les restaurants ont aussi leur limite. Cette fois Libria lui prodigue un soin dans son cabinet personnel. Elle tente de réhabiliter le père, l'image masculine symbolique en lui donnant sa juste place dans le schéma générationnel de son hôte. Elles ne le savent pas encore, mais cette séance aura des répercussions significatives dans un avenir proche. Est-ce cette fameuse libération où l'âme agit (la magie) ?

Tonia, quant à elle, a apporté ses cartes et joue les voyantes pour les deux adultes. Cette soirée lui permet de mieux comprendre qui est Libria. Elles découvriront un autre point commun : toutes deux sont du signe des poissons. Elle lui ouvre son univers en toute transparence. Libria, une fois encore, est hors cadre. Quelle thérapeute s'exposerait ainsi ? En faisant ce choix, elle témoigne par l'exemple de vie sur laquelle elle s'appuie. Ainsi Tonia lui reconnaît une authenticité et un savoir-être très respectable et courageux. De fait, d'être témoin en temps réel de ses épreuves éveille Tonia. Elle lui donne une pratique atypique : l'élévation de l'autre par l'exemplarité. Pratique à laquelle Tonia croit et qu'elle applique elle-même pour les autres.

Toujours sur le quai, sa dernière gorgée de café avalée, elle lève le nez sur l'affichage électronique des départs. Elle a hâte de monter dans le TGV pour dormir. Son week-end s'annonce speed. Titi, toujours au centre de rééducation, a besoin d'elle. Elle doit aussi faire des courses pour son fils, lui aussi en rééducation maintenant, après une opération éprouvante et compliquée de plus de six heures. Tonia a vécu ce jour-là les heures les plus longues et les plus sombres de sa vie. Ne pouvant être auprès de lui à l'hôpital à cause de la crise sanitaire, elle a tourné comme un lion en cage dans son appartement, chiffons et balai à la main. Ses muscles se sont dénoués et ont lâché lorsqu'enfin elle a entendu le son de sa voix au téléphone et qu'elle a été assurée de la réussite de cette opération très risquée et que tous ses membres fonctionnaient bien. Cette sensation extrêmement pénible, ressentie une nouvelle fois, elle l'avait déjà expérimentée lors de sa grossesse pathologique. Elle était restée alitée près de trois mois à l'hôpital, et Jer'Aime était né prématurément. Ayant décidé d'arriver un mois et trois semaines avant son terme, il risquait de naître le même jour que le père de Tonia. Un pied de nez inacceptable à sa vie. Elle s'est alors employée à des prouesses de sophrologie et de méditation pour qu'il ne naisse pas ce jour-là : un jour sombre et long, sans pouvoir cette fois-là singer le temps. Jer'Aime était finalement arrivé huit jours après la date de naissance du père de Tonia.

Son jardin, en son absence, est devenu Fort Knox. Pas sûr qu'elle ait le temps de mettre son jacuzzi en route. Elle regarde le ciel, chargé de gros nuages blancs crémeux au travers desquels le soleil chauffe. Elle s'évade en tentant de garder les yeux ouverts. En divorçant, en quittant son travail de fonctionnaire et Conrad, son amoureux, il y a plus de quatre ans maintenant, jamais elle n'aurait imaginé passer ces dernières années comme elle les a passées. Ce n'est pas du tout ce qu'elle avait espéré, ni projeté. Un regret ? Professionnellement, clairement non. Sentimentalement, clairement oui : un fiasco. Aujourd'hui, décidée et liée par sa promesse, avoir son diplôme d'amour, elle souhaite sincèrement accéder à autre chose. Tant d'années passées à espérer l'inespérable l'a conduite à la pauvreté – sans amour, nous sommes pauvres. Quel malheur, ce caillou dans son soulier l'empêchant d'avancer. Ce caillou nommé Conrad.

Parfois, elle le sent encore sous son pied gauche. Elle a accepté et admis enfin de vivre avec ce handicap. Un morceau de son cœur lui a été pris et ne lui a pas été rendu. Il est mutilé. Il lui faut faire avec. Il faut faire comme si, tourner une page et tenter de donner autant avec moins, en attendant de tout récupérer. Elle n'aime pas les regrets. Elle cherche encore le moyen de transformer de façon positive les restes, les miettes de son aventure amoureuse. Elle le voudrait vraiment. C'est la demande, sa commande à Libria : faire de cette histoire une offrande et plus une souffrance. Mais rien de positif ne se manifeste pour le moment. Quand alors ? Elle a pourtant tout essayé, du rationnel ou plus irrationnel. Et rien.

Comme prévu à peine le TGV démarre qu'elle sort son tarot et commence par retourner une carte : la Roue de la fortune, encore. Elle se demande bien quand elle va tourner cette roue. La carte est jolie, certes. Et sur le dessin la roue reste immobile… Elle doit sans aucun doute négocier de façon hasardeuse avec elle-même. Elle pose la carte devant elle sur la tablette, et s'endort comme une masse. Le trajet est passé vite dans ce TGV. Elle se réveille une demi-heure avant l'arrivée avec un large sourire, encore dans le souvenir de son rêve. Elle est vêtue d'une petite robe de mousseline blanche, elle danse, elle fait la fête à son propre mariage ! Plutôt, elle a dit *oui* à Conrad et il lui a dit *oui* aussi. Tous les deux plongés dans les yeux l'un de l'autre, ils se sont passionnément embrassés sous les applaudissements de la petite quarantaine d'invités. Reprenant ses esprits, elle peste. *Ça n'arrivera pas ! Retire ce sourire béat, imbécile !* Elle se lève, va chercher un café au wagon restauration. Elle fulmine, jamais elle n'a dansé avec lui, jamais elle n'a fait la fête avec lui, jamais leurs proches ne les ont vus ensemble. Ils se sont cachés… Voilà ce qu'il lui a laissé : des rêves, des illusions. Elle peste.

Son week-end, comme pressenti, démarre sur les chapeaux de roues. Elle enchaîne et réussit à faire tout ce qu'elle voulait. Elle ira même chercher son neveu pour que sa sœur puisse voir son fils. Le dimanche soir, vers vingt-et-une heure, elle est contente d'enfin se poser. Elle met HFT (Hubert Félix Thiéfaine), son chanteur préféré, à fond, *Les dingues et les paumés,* bien sûr. Elle a réussi à installer son jacuzzi aussi. Elle attend avec impatience la tombée de la nuit pour pouvoir y buller avant de se coucher, en espérant un rêve plus significatif, inspirant quoi !

Elle se connecte dès le lundi à huit heures à la réunion Codir du groupe. Comme tous les lundis de l'année, BIG est infaillible et exemplaire. Cette fois, il y a une urgence : elle doit retourner à Grenoble. Elle se rend en catastrophe au centre de rééducation visiter sa sœur après avoir fait réserver un aller-retour Paris-Grenoble et appelé Libria pour qu'elle se joigne à l'action. Elle part le lendemain.

À son arrivée au centre de rééducation, elle trouve sa sœur dans sa chambre. D'humeur primesautière, elle propose à Tonia une promenade dans le parc. Tonia, elle, est en mode hyperactif. Elle prend de suite le bras gauche de sa sœur, qui tient de l'autre sa béquille, et entame la conversation.

— Je suis venue du coup. Je repars demain à Grenoble en urgence ! Moi qui avais enfin mis ma valise dans la buanderie. Elle trône dans mon salon depuis notre retour du Maroc en février 2020. Je pensais dire ouf ! Eh bien non… juste deux jours. J'ai mis mon jacuzzi en route et je dois déjà l'éteindre ! Pfff !

— C'est sympa. Marche doucement s'il te plaît…

Tonia raconte à Titi sa future aventure professionnelle.

— Ah, nous ne nous ennuyons pas dans ce groupe ! BIG est un vrai personnage tout de même. Bref, Grenoble c'est chaud : opération *coup de poing pacifique.* Il a appelé au volontariat pour le soutenir. Au moins cent-vingt collègues vont se déplacer pour l'assignation du groupe devant le TGI (Tribunal de Grande Instance), mercredi matin. Les syndicats, quand même, ils n'encaissent pas ce rachat.

— Je connais ça. Tu te souviens quand j'ai dû avoir un garde du corps ? Des menaces des syndicalistes. Alors que nous avions pratiquement cédé à toutes leurs revendications. Le monde ne tourne pas rond. C'est en grande partie pour cela que j'ai démissionné. Je n'en pouvais plus des représentants du personnel.

— J'imagine, être DRH aujourd'hui demande une cuirasse et un aplomb à toute épreuve. Le monde du travail change. C'est malheureusement la peur qui guide ces changements.

Tonia poursuit l'échange avec une anecdote concernant son boss.

— Tu ne vas pas me dire quand même ! BIG et moi, je crois bien que nous sommes reliés dans une autre dimension. Il a des antennes, ce n'est pas croyable. La semaine dernière mon TGV pour l'Isère avait plus de trois heures de retard. Je suis donc arrivée hyper tard. Heureusement, il y avait encore une hôtesse au desk de l'hôtel. Dans l'ascenseur, devine ?

— Ton patron !

— Oui ! Mon portable sonne, avec la musique me signalant que c'est lui. J'entends : t'es où ? Je lui réponds : bonsoir ! Dans l'ascenseur de l'hôtel, mon train est arrivé avec beaucoup de retard et… Il me coupe : ah très bien, très bien. Donc on se voit demain. Il faut que je te présente de nouvelles recrues importantes à former. C'est bien que tu sois à Grenoble. Le temps que je réponde oui, ok…, il a raccroché !

Elles éclatent de rire pendant que Tonia continue son récit. Elles sont maintenant assises sur un banc face aux arbres de ce grand et très beau parc.

— Oh, tu sais quoi ? J'ai encore fait un rêve de malade. Écoute ça. J'étais assise en face d'un bosquet dans le noir. Dans ce bosquet, plein de petits yeux brillants qui clignaient. Genre, nous allons te faire peur ! Genre, nous sommes de petits spectres, bouh ! En fait, cela me faisait plutôt rire, je regardais en me disant *n'importe quoi !* Alors, ils sont sortis du bosquet. C'était plein de singes lilliputiens tout mignons. Ils sont passés devant moi, les bras ballants, déçus de leurs méfaits ratés. C'est ballot !

— C'est parce que je t'ai transféré une photo de Zumba, le singe de mon association *Les Amis de JACK (LAJA)* que tu parraines, pour te donner de ses nouvelles. Tu as regardé la signification de rêver de singes ?

— Non.

À peine a-t-elle répondu, qu'elles pianotent toutes deux sur leur portable pour faire appel à Gogole et regarder ce que signifie rêver de singes. Quand tout à coup, le portable de Titi sonne. Elle blêmit et le tend vers Tonia. Sur l'écran s'affichent le prénom et le nom de leur père. La conséquence de sa dernière séance avec Libria ? Le mystère de l'énergétique ? Une coïncidence ? Est-ce vraiment le fruit du hasard ou une résonance (reliance) subtile à l'autre ?

— Ben, réponds-lui.

Titi s'exécute et entame la conversation. Tonia s'approche pour entendre sa voix. Elle profite de ce moment. Elle veut savoir si son indifférence, dont elle est persuadée depuis de longues années maintenant, est bien réelle. Entendre sa voix, ce n'est pas arrivé depuis leur dernier entretien forcé, elle avait quatorze ans. Si ce n'est pas le cas, cette écoute devrait provoquer en elle des ressentis, des émotions. Par gestes et à voix basse, elle demande à sa sœur de mettre le haut-parleur et de prévenir son père que Tonia écoute. En cohérence avec ses valeurs, elle prévient. Pas de traîtrise, rester honnête. Il a le droit de savoir et celui de refuser. Titi hésite mais le lui dit :

— Il y a Tonia à côté de moi, elle t'entend. Elle t'écoute. Ma grande sœur s'occupe de moi.

Avec un accent italien bien prononcé, elle l'entend.

— Bah, ciao Antoniétta ! Je poux loui parrler ?

Tonia fait signe à sa sœur et lui murmure :

— Non, j'écoute c'est tout.

Titi répète la consigne à son interlocuteur :

— Elle t'écoute, pas plus. D'accord ?

Il acquiesce et se recentre sur l'objet de son appel, prendre des nouvelles de l'une de ses filles qui a subi une lourde opération. Titi raccroche.

— Alors ? demande-t-elle à Tonia.

— Ben rien. Je n'ai même pas reconnu sa voix. En fait, j'avais l'impression d'entendre un de mes anciens petits copains, Vincci, même accent, même timbre. Ça n'a rien éveillé en moi. Pas de colère, pas de tristesse, pas de joie, pas de souvenir, rien !

— Je le vois. C'est bien.

— Maintenant, j'en suis sûre. Je m'en suis complètement détachée. Un étranger. Tu ne lui as pas demandé ce qu'il faisait de ses journées.

— Tonia, il ne fait rien. Il est malade. Les poumons, la maladie des fumeurs, j'ai oublié le nom. Il refuse l'appareil à oxygène. Parfois, il fait des malaises faute de pouvoir respirer. Il attend la mort. Il est vieux et seul.

— Nous sommes plus jeunes et nous sommes seules aussi. Nous attendons aussi… la mort quelque part, reprend Tonia.

— Oui, mais je préférerais dans mon sommeil. Ne pas me réveiller.

— Pareil pour moi. Si des entités célestes ou spirituelles existent, c'est ce que je leur demande. C'est triste quand même. Je suppose que certains le méritent plus que d'autres. Mais bon. La vie ne semble pas en tenir compte. Titi, j'espère que toi aussi tu trouveras la clé pour ouvrir la porte du bonheur. Toi, tu le mérites.

— Toi aussi.

— Il faut croire que non. La bonne nouvelle c'est que si nous restons seules et toi et moi, nous pourrons envisager de l'être moins en vieillissant ensemble.

Tonia raccompagne sa sœur avant de la quitter sans l'embrasser, elle doit porter un masque à l'intérieur de l'établissement. Puis, elle refait sa valise. Elle part donc pour Grenoble le lendemain où elle passera une soirée de plus chez Libria avant d'aller manifester pacifiquement avec elle. Tonia ne manquera pas de lui relater l'appel de son père auquel elle a assisté. Hasard, écrit, synchronicité ? Étrange tout de même. Trente-sept ans qu'elle ne l'avait pas entendu. Pour Libria, cet épisode est assurément le travail transgénérationnel proposé par ses soins, œuvrant à la paix et à la réhabilitation des générations ascendantes dans l'amour, et non plus dans le schéma du couple diabolique lié par attachement toxique devenu obsolète et destructeur.

En cette fin de semaine, elle se concentre sur elle-même, reboostée par cette escapade à Grenoble et ses échanges avec Libria qui lui permettent de porter un autre regard sur la vie et la sienne surtout. À nouveau, positive chaque jour, elle croit en sa bonne étoile, même si la situation sanitaire et météorologique incite plutôt à la mélancolie et à la déprime. Elle fait front. Que faire d'autre ? Elle regarde ses rosiers pleureurs, affreux de trop d'eau. La pelouse, elle, va bien pour le coup. De tarots en guidance, elle se perfectionne, surtout dans l'histoire et la philosophie de ce domaine, et plus largement.

Les cartes ne prédisent rien, elle en est maintenant convaincue. Elles peuvent guider, c'est une forme de psychologie intuitive. Bref, elle continue de ronger cet os pour, qui sait, goûter à la moelle savoureuse ? Lever le voile du merveilleux ? C'est ce qu'elle croit pour le moment. Cet épisode lui aura permis, somme toute, à l'aide de Libria aussi, de renoncer enfin à certaines choses impossibles, entre autres à ce lien stupide, toxique, qui la fait souffrir. Elle tente de mettre un terme définitif à ce qu'elle pensait être sa plus belle histoire d'amour. Elle tente de garder du bon dans son cœur, de la compassion pour l'autre et son bonheur. Point final. Comme elle sent être bientôt venue à bout de son os à ronger, elle réfléchit déjà au prochain. Que faire ? De l'interdisciplinarité ! Toutes ses connaissances sont des fils tissés dans son esprit. Une toile d'araignée où tout est relié. Il faut en faire quelque chose. Une graine germe. Pyramide de Maslow ; vingt-deux arcanes majeurs ; cinq éléments et non quatre ; transition numérique et intelligence artificielle (IA) ; physique quantique ; multivers ; psychologie ; philosophie ; communication, télépathie, environnement et… etc.

Il manque un étage à cette pyramide. Il manque une série de sept cartes au tarot de Marseille. Une fois l'accomplissement de soi effectué, après le cycle dit *matériel,* les 7 cartes du Bateleur au Chariot, après le cycle *psychologique,* les 7 cartes de la justice à la tempérance, et enfin le cycle *spirituel,* les 7 cartes du Diable au Monde, qu'y a-t-il ? Après tout, nous sommes déjà… en haut ! En tout cas les éveillés. Et après ? Voilà à quoi Tonia va s'atteler, imaginer l'après et le concrétiser dans la matière en l'imageant et en le numérotant. Elle a déjà quelques idées. L'avenir s'écrira avec d'autres croyances. Celle de la capacité humaine ou celle de l'IA ? Celle des émotions ou celle du numérique égotique ? Quelle apparence (*figure et nom*) aura la prochaine croyance ?

En attendant, tout lui semble si simple en théorie mais si compliqué à mettre en pratique. Cette semaine de vacances, très humide, lui permet en revanche de s'occuper de sa sœur et de son fils, toujours en convalescence. Elle rit, elle… c'est son cœur qui est en convalescence. Il va enfin pouvoir se reconstruire, se rouvrir, s'épanouir à nouveau peut-être. Elle veut y croire.

Les mois passent vite, trop vite. Bientôt, les papiers pour la fin de sa disponibilité devront être faits. Elle ne sait pas dans ce contexte ce qui lui pend au nez. Elle se refuse à dépenser de l'énergie sur ce problème, elle laisse les évènements arriver. Elle s'adaptera. Que faire d'autre ?

Une page de son histoire de vie, de son chemin de vie s'achève. Pour le coup, elle le sent et le ressent profondément. Toute cette fin d'année va être consacrée, concentrée à écrire un nouveau chapitre, plus beau et sans douleurs. Un changement de travail engendre aussi un changement de vie. Elle espère trouver un poste lui permettant d'exprimer toute sa personnalité et suffisamment rémunérateur pour, les fins de mois, ne pas avoir à compter. Un équilibre entre mérite, compétence, expérience et rémunération.

Elle a d'ores et déjà construit la fameuse balance avantages/inconvénients. Pas un seul avantage sur le papier dans sa situation ! Elle ne gagne rien à ce changement, elle ne s'élève pas. Tout le contraire. Alors, elle ne peut s'accrocher qu'à la chance, sa foi, son étoile. De toute façon, encore une fois, elle n'a pas le choix. Face à cet aléa de vie, elle devra prendre la meilleure décision pour elle, sans trop de renoncements. Parfois, elle se dit que l'univers est machiavélique. Pourtant si nous croyons, ne devrait-il pas être miséricordieux ? Elle ne voit pas très bien ce qu'elle pourrait apprendre de plus de la souffrance. À part être poussée au suicide ? Elle y a pensé tant de fois, elle a bien failli franchir le pas. Ce n'est certes pas glorieux. Mais comment sinon faire taire trop de souffrance ? C'est peut-être ça la prochaine leçon. Que faire ?

Bon, son énergie n'est pas dans ce scénario, sur le papier la balance bénéfices-risques est négative. Elle a envie de plus. Alors, elle attend patiemment. Cela dit en passant, ne lui dites jamais plus qu'elle n'est pas patiente. Elle aspire à de vraies vacances aussi. Elles sont déjà réservées pour la fin septembre avec un départ aux Canaries, à Lanzarote. Là encore, en espérant qu'elle puisse partir – la Covid est imprévisible. Les variants épuisent l'alphabet grec. À ce rythme, il va falloir trouver un autre alphabet pour les nommer. Le temps semble être la solution. Mais, voilà… Tonia regarde ce temps passer trop vite ou trop lentement, jamais à son rythme à elle. Elle a cette impression d'en manquer parfois, d'autre fois d'en avoir trop.

Objectivement, il est passé de toute façon ! L'essentiel de sa vie est plutôt derrière elle maintenant. Et le contexte social actuel n'incite pas à prendre des risques. La prise de risque frise la folie quand nos sociétés renvoient comme un couperet l'image d'une femme seule, d'âge mûr, séniore, une préparation à la fin avant la mort. Une sorte de chemin infertile. Se battre contre tant de normes et de croyances ancestrales fatigue. De renoncements en renoncements, elle avance sans aucune illusion, sans rêves ni envies. Elle essaie de passer ses jours les uns après les autres avec le sourire. Elle donne de la joie aux autres quand elle le peut et sans s'oublier. Elle n'attend plus rien, ni de la société, ni des Hommes, ni des situations, ni de rien… Elle déambule dans Paris, et parcourt de nombreux kilomètres pour ne pas rentrer trop tôt en mangeant de grosses glaces malgré le temps pourri. Paris sans touristes est une autre découverte. Pas facile de garder le moral masqué, sans soleil, sans personne(s), sans rien. Elle reste optimiste malgré tout et opportuniste pour glaner le meilleur de cette vie. Elle essaie de se motiver pour écrire encore de belles pages. Elle ronge son os, se perfectionne en géomancie, cartomancie… blablabla. Elle joue en apprenant, en révisant l'histoire et la mythologie. Elle s'aménage des moments avec Tom à sa guise, pour un peu de tendresse et surtout pour ne pas oublier qu'elle est une femme encore désirable.

Elle renonce en partie mais finalement pas à tout. Des vacances ! Une idée s'est concrétisée : ses prochaines vacances seront sur l'île d'Oléron avec sa sœur Titi, sa nièce et sa copine, peut-être avec son fils aussi. Et voilà, quinze jours de congés posés pour fin août. Puis, elle croise les doigts pour celles à Lanzarote fin septembre. Entre les deux, elle devra se rendre une semaine à Grenoble pour le boulot. Au moins elle voyage. Sa valise en témoignerait si elle avait la parole.

Elle s'élève, essaie de renoncer et saisit toutes les opportunités en cultivant l'optimisme même si la météo et le masque chirurgical, toujours de circonstance, entravent considérablement l'acquisition d'énergies positives. Elle évolue, sa vision et son rapport à la vie change.

Elle se couche avec toutes ses pensées en tête. Quand elle se lève, elle refait son rêve. Le père Noël est là. Il s'active à atteler son traîneau avec ses neufs rennes, Tornade, Danseur, Furie, Fringant, Comète, Cupidon, Tonnerre, Éclair et Rudolph, plein d'entrain et de bonne humeur. Tonia est la mère Noël. Assise dans le traîneau, elle s'amuse de sa bonne vie. Elle a sur sa tête une capuche rouge vif, alourdie d'un énorme pompon blanc qui se balance dans son dos. Elle raconte des histoires féériques à des adolescents et des adultes ébahis comme des enfants de cinq ans. Ce rêve l'a réveillée. Elle fulmine. L'histoire qu'elle racontait semblait géniale. Elle a essayé de se rendormir vite pour retourner dans ce rêve et non ! elle n'aura pas la suite. Évidemment, elle a gogolisé pour interpréter la signification de ce songe… que du bonheur !

En attendant, le mois d'août démarre, rien à voir avec l'époque du père Noël. Quoique, vu le temps détraqué, allez savoir, peut-être va-t-il se mettre à neiger ? Heureusement, pas de flocons blancs. Tonia et Titi partiront chaque week-end sur un coup de tête. Elles feront un retour aux sources en Normandie. L'occasion pour l'une et l'autre de revoir la maison familiale de leur grand-père transformée en une boutique de fleurs. Elles y achèteront des plantes pour les déposer sur la tombe de leur mère avant de reprendre la route pour la mer (mère) et la plage. Puis, pour la fin de la semaine suivante, elles iront se chouchouter aux thermes d'Amnéville, une forme de rééducation plus agréable pour Titi.

Elles finiront comme prévu sur l'île d'Oléron, sans cartes, sans songes, sans rien, juste PROFITER du soleil, de la plage, de la mer et de bons petits restaurants maintenant ouverts. Tonia exploite ces moments, s'en galvanise pour négocier au mieux le virage à prendre dès septembre. Un virage peut être dangereux s'il est mal engagé ou si des flaques d'huile invisibles se trouvent sur le bitume… Être vigilante est primordial.

Le retour

L'amour naît aussi bien d'un regard de mépris que d'un regard de bonté. Marcel Proust

1

Soi(s) vers moi

Un soleil radieux éclate dans le ciel bleu azur. Une journée où le mercure du thermomètre avoisine les 35 degrés. Tonia se délasse, se prélasse dans son jacuzzi volontairement non chauffé. Il affiche tout de même un 32 degrés rafraîchissant. Elle ferme les yeux pour mieux ressentir les petites bulles de massage sur son dos. Elle écoute son corps, le relâche, l'apaise. Un grand moment de détente, un de ces moments où elle a rendez-vous avec elle-même. Août est passé si vite. Et à la fin du mois elle sera sur une île.

Elle se vide la tête. Ne penser à rien pour écouter ses entrailles. Elle visualise sa mécanique interne, sa mécanique humaine. C'est une belle alchimie le corps humain tout de même. Dans l'eau, elle laisse filer le temps, sans s'en soucier. Après tout, tout est question de temps. Ce temps accordé ou non, pour certaines choses ou pas.

Ce temps qui finalement n'existe pas dans l'absolu. Les priorités : comme elle n'en a plus, Tonia a du temps inexistant. Perdue dans son squelette et ses organes, elle reçoit une vague d'eau en pleine figure. Surprise, elle sursaute, ouvre les yeux sur ce qui devrait être le monde réel. Elle entend :

— J'ai mal ! Tu fais quoi ? C'la fait au moins dix minutes que j't'appelle.

Tonia organise sa pensée pour comprendre. L'ajustement neurologique. C'est elle, la petite, elle.

— Te revoilà ? Mais… tu es habillée dans MON jacuzzi ! Tu saignes de la tête en plus ! Mais… ce n'est pas possible !

Tonia sort de l'eau, prend la petite par les aisselles pour la soulever et la faire sortir. Elle est trempée et claque des dents malgré la chaleur.

— Tu es brûlante. Bon, tu vas me raconter tout ça.

— Nan ! J'ai froid…

La petite chouine, elle a mal au crâne. Tonia la déshabille entièrement avant de l'emmitoufler dans un peignoir bien trop grand pour elle. Elle prend ses vêtements avant de la tirer par la main pour l'aider à monter l'escalier afin de rejoindre son appartement.

— Fais voir. Eh bien, tu ne t'es pas loupée ! Il faudrait des points de suture. Pff, c'est trop tard de toute façon. Bon ! Je vais tenter un truc.

Tonia nettoie la plaie, coupe les cheveux autour. Cette opération n'est pas sans quelques plaintes de douleur de la part de la petite. Elle prend de la suture adhésive pour coller les deux parois du trou apparent. Elle recouvre la plaie d'une gaze, sur laquelle elle met du sparadrap pour la maintenir bien en place.

— Bon, heureusement j'ai gardé tes vêtements. Tiens, voilà une culotte, un jean et un tee-shirt.

Tonia lui tend aussi un paracétamol. Pas besoin de thermomètre, la petite a de la fièvre.

— Avale cela et raconte-moi.

Tonia l'allonge sur le canapé, relève sa tête sur un gros oreiller et s'assoit à ses pieds. Elle prend son petit pied droit et le masse. Adulte, sa préférence est le massage des pieds. En toute logique, la petite devrait aimer. D'une petite voix, elle commence son histoire.

— Je voulais très, très fort revenir. Dans ma tête… je t'ai appelée, appelée… Je suis contente, la suspension dans l'temps m'a entendu. Et… et, mais… tu sais depuis qu'je suis rentrée, c'est horrible à la maison, c'est…

Elle éclate en sanglots. Tonia se penche sur elle, sèche ses larmes.

— Prends le temps. Détends-toi. Dors, tu en as besoin. Ne t'inquiète pas, je vais veiller sur toi. Quand tu te réveilleras, promis, je serai là.

Tonia lui fredonne une petite chanson douce. La câline. La petite s'endort entre deux sanglots. Puis elle se lève pour la laisser récupérer. Elle ferme les volets et redescend pour s'allonger dans son transat où elle s'endort à son tour. Soudain, elle ressent une pression sur son biceps.

— Eh ! Tu dors ?

— Ben là, plus maintenant.

— J'vais mieux, j'ai faim.

Tonia regarde le ciel, le soleil est déjà très bas. Il se couche laissant derrière lui de multiples couleurs rouge orangé. Elle monte l'escalier, la petite derrière elle.

— C'est normal, il est tard. Nous allons manger léger sur la terrasse. Tu es malade, pas d'abus, d'accord ?

La petite l'aide à mettre la table et à sortir les mets.

— Alors ? Le coin du mur, dans le couloir de chez tes parents, ne s'est pas écroulé ? Par contre ta tête, elle… Je me suis toujours demandé par quel miracle cette mésaventure ne m'avait laissé qu'une toute petite plaque blanche sans cheveux. Maintenant je sais ! Je suis venue me faire soigner par moi.

— Ah, fais voir, dit la petite.

Tonia lui montre la petite plaque, pas plus grande qu'une pièce de cinq centimes.

— J'avais soif. Très. J'en ai marre de cette jaunisse. J'la traîne. Maman a quand même essayé de m'emmener à l'école pour ne pas qu'je rate la rentrée. Ils ont dit non ! Pfff ! Moi j'voulais aussi y aller, pour les copains, tout ça. À la maison, c'est très dur, de plus en plus. Tous les soirs, ils se battent. Enfin, surtout papa tape, frappe maman et même les murs. J'voulais pas les réveiller. J'me suis dit, si j'réveille maman, ben, ça réveille papa. Il va se venger sur elle. Alors… j'me suis levée. Je titubais. J'voyais pas clair dans ma tête et tout était noir. J'ai pas allumé la lumière, ça pouvait réveiller. Au niveau de la statue de maman, sur l'angle du couloir, j'suis tombée. Quand j'me suis réveillée, le jour était presque là. Y avait du sang partout. J'ai tremblé. J'me suis dépêchée de tout nettoyer. Le parterre, ma tête et j'suis retournée dans mon lit. J'ai pas bu. J'pleurais sans faire de bruit et j'ai demandé de l'aide pour venir te voir. J'ai appelé la suspension dans l'temps.

— Tu as bien fait ! Tu vois, cela a fonctionné, quelqu'un a entendu ton appel. La statue, c'est le buste en marbre froid dont le visage ressemble à celui de maman ? Celui où les yeux sont sans expression et ternes. Elle met toujours de la peinture rouge sur les lèvres ?

— Oui, elle lui remet toujours un coup de rouge sur les lèvres. J'l'aime pas, c'est elle ou c'est pas elle ?

— Moi non plus, je ne l'aime pas, et je ne sais toujours pas si c'est elle ou pas.

— C'est normal, tu es moi !

Évidemment, logique.

— C'est devenu trop dur. Tu sais quoi ? La dernière fois...

La petite baisse la tête et serre ses poings sur ses genoux.

— J'le déteste ! J'l'ai tapé ! J'avais beaucoup de colère ! Si... si... j'ai eu... j'voulais le tuer ! Pour qu'il arrête ! Il a attrapé maman par les cheveux, il l'a traînée sur le sol comme une serpillère ! Et... il lui a donné des coups d'pieds partout, dans le ventre, partout. Elle criait, hurlait. Moi aussi. Je tirais sur sa chemise dans l'dos, je l'tapais fort avec mes poings, le plus qu'j'pouvais. Et... d'un coup sec, il s'est retourné avec des éclairs dans ses yeux. J'l'ai regardé aussi avec des éclairs dans les miens. Quand il a vu que c'était moi, il a baissé ses bras. Il a éteint ses yeux et il m'a dit *tu vois ! C'est ça une famille !* en montrant maman qui rampait et qui peinait à s'lever. Il s'est assis, il a bu encore pendant qu'maman vomissait dans les toilettes beaucoup. Du sang je crois... et...

La petite se met à pleurer et Tonia ajoute :

— Et il a pris son appareil photo. Il a pris maman en train de vomir et il a brûlé une partie des photos de la famille dans une boîte en fer.

La petite acquiesce et poursuit, elle en a gros sur le cœur.

— Plus tard, il a accroché les photos de maman en train de vomir dans la salle à manger. J'suis trop petite pour les retirer. C'est pas bien. Ça m'fait mal d'voir ça.

— Tu te sens humiliée... Tu ressens l'humiliation de ta maman.

Tonia l'écoute en évitant de faire de l'humour pouvant être perçu comme déplacé et lui met des mots sur son émotion (ses maux psychologiques d'alors).

— Tu crois qu'papa va m'taper aussi un jour ?

— Il ne l'a jamais fait. Ne t'inquiète pas. Puis, le destin va s'en mêler... Je peux donc t'assurer que tu n'auras jamais un coup physique de sa part.

— Tu crois que demain, j'serai encore là ? Si oui, tu m'emmènes faire quelque chose ?

Tonia rit et constate que la petite se détend déjà. Les enfants ont cette aptitude à s'adapter quasi instantanément aux nouveaux environnements. Des caméléons. Pour elle, c'était vrai à cet âge et l'est encore parfois aujourd'hui. Le revers, l'effet Kiss Cool arrive plus tard, quand nous avons le sentiment que la vie est derrière soi. Et que reste-t-il ? Probablement le retour sur soi.

— Ok, si tu n'as pas de fièvre. Que dirais-tu d'aller faire un tour au supermarché du coin pour te trouver un maillot de bain ? Des shorts d'été. De quoi t'habiller léger. Puis, nous resterons ici, il fait chaud, nous profiterons du jacuzzi. C'est d'accord ?

— Oui, j'veux bien. Ben…, j'suis mieux là ! J'ai raté ma rentrée scolaire de toute façon. J'espère que j'me ferai des copains quand même.

— Oui, bien sûr. Je ne sais pour quelle raison mais tu rateras beaucoup de rentrées scolaires. Dès que tu seras chez ta tante, chaque année tu la commences par une crise de foie. Cela va agacer ta tante et toi aussi.

En disant cette phrase, Tonia a un tilt. C'est la dernière rentrée scolaire qu'elle effectue avec ses parents. Rentrée scolaire ratée à cause d'une jaunisse. Dans quelques jours, elle ne les reverrait plus jamais.

Elles dorment toutes les deux, jusqu'au matin. La petite a de nouveau la pêche et de l'énergie. Elle secoue Tonia, pressée de faire du shopping. Dans les magasins, les collections automne-hiver sont déjà exposées et elles font les invendus de l'été pour trouver ce qu'elles cherchent. Elles en profitent pour faire des courses. La petite dévalise le rayon bonbons et chocolat. Tonia la laisse faire.

— Tu as vu ta tante n'est-ce-pas ?

— Oui, c'était avant les vacances. Quand papa a mis des coups de couteau à maman. Ce jour-là, quand nous sommes rentrées de l'école, je n'ai rien compris. Papa descendait les marches entre deux policiers avec des menottes aux poignets tandis que mes sœurs et moi, les montions. D'autres nous ont attrapées dans cette cage d'escalier et nous nous sommes retrouvées chez le directeur de notre école… oh ! Tu sais quoi ? Il a sorti des glaces du frigo !

Tonia sourit et se rappelle cet extraordinaire évènement.

— D'un congélateur. Sinon, elles auraient fondu. J'en ai quelques-unes dans le mien, si tu veux.

— Oh, oui ! D'accord ! Elle était drôlement bonne. C'était à la vanille. Après, nous nous sommes retrouvées dans un orphelinat. Ils ont pris nos habits et ils nous en ont donné d'autres. Ma culotte tombait, elle n'avait pas d'élastique. Je ne pouvais pas jouer, je devais la tenir. Puis, j'étais inquiète, je ne savais pas où se trouvait mon p'tit frère. Tout le monde répondait *t'inquiète pas, il est là*. Peut-être, mais moi je ne l'avais pas vu, là !

— Tu n'es pas restée longtemps, heureusement, reprit Tonia.

D'ailleurs, elle vient de comprendre cette phrase qu'elle abhorre *ne t'inquiète pas…* précisément parce qu'elle cache une source de grande inquiétude ! La petite rétorque avec surprise et sèchement.

— Tu rigoles ? Une éternité. Tata de Bièvres est venue. Elle est belle ! Elle est super gentille ! Elle avait mon petit frère sur ses genoux. Ouf, il était bien là ! Enfin, sur les genoux de tata. Elle nous a apporté un colis avec pleins de bonbons et de chocolats. Mais quand elle est partie, les dames l'ont pris.

— Tu en as mangé quand même ?

— Pas beaucoup. En tout cas, papa et maman sont revenus bras dessus, bras dessous nous chercher. Maman était sortie de l'hôpital recousue. Quand ils sont arrivés, je n'étais pas contente !

— Tu as trouvé cette scène surjouée et hypocrite, pas vrai ? Tu as trouvé qu'ils jouaient les amoureux alors que pour toi ce n'est pas vrai. Ils trichent, conclut Tonia amèrement au souvenir de cet épisode. En colère, la petite reprend et questionne.

— Se bagarrer, ce n'est pas de l'amour hein ? Maman était toute triste, gonflée et elle s'obligeait à sourire dans sa robe moche, bleu tergal avec des marguerites blanches. Elle est moche cette robe ! Papa, lui, était habillé dans son costume vert bouteille en velours avec une jolie chemise, une cravate et des boutons de manchette dorés avec de petites pierres rouges. Un prince à côté ! Il aime jouer les princes justement…

La petite baisse la tête avec un mélange de rage et de pitié. Puis, elle poursuit en retenant ses larmes.

— Maman ne ressemblait pas à une princesse, elle ! Il a acheté des colliers pour chacune de nous fabriqués par les orphelins. Quand j'ai essayé de le mettre, il s'est cassé. Les perles en bois se sont étalées dans le couloir et ont roulé comme des billes. Et… (elle serre les poings, prête à bondir) il a donné NOTRE colis de bonbons à l'orphelinat !

Tonia la prend par la main et la guide près de sa voiture. Elle ouvre la porte passagère.

— Allez ! Monte et attache-toi s'il te plaît. Ce n'est pas grave, tu as dévalisé le rayon de bonbons et chocolats, cela compense non ? Mais tu n'en manges plus un seul tant que tu n'iras pas mieux, ok ? Promis, je ne les donnerai à personne.

Au même moment, la petite était en train d'ouvrir un paquet de bonbons qu'elle aurait bien aimé déguster.

— Tu n'es pas drôle, là. Les bonbons, c'est trop bon !

— Alors un dernier, parce que si tu continues, tu vas avoir mal au cœur. Je le sais, je suis toi. Un seul, ok ?

— D'accord. J'arrête. Je ne te les laisse pas, je les prends avec moi quand je repars à la maison. Tout, dit-elle d'un ton autoritaire et sec, sans laisser place au débat.

— Oui, je te l'ai dit, ils sont tous pour toi, confirme Tonia.

Puis elle regarde la date sur le compteur de sa voiture qui affiche 15 septembre. Le 12 septembre était la date de la rentrée scolaire qu'elle a ratée.

— Tu dois retourner à l'école quand ? Tu en as une idée ?

— Lundi prochain.

Tonia fait ses calculs rapidement. Lundi 19 septembre en 1977. En 2021, c'est un dimanche. Maman décèdera dans neuf jours, le 28 à minuit, à son domicile.

— Tu vas avoir plein de copains, ceux de l'an dernier, reprend Tonia.

— Je suis pressée de les voir. Eh, tu m'achètes des billes ? J'en ai encore mais si je pouvais en avoir plus j'pourrais jouer encore plus et avec des plus forts du CM2, sans risque de tout perdre. Tu veux bien, dis ?

— Oui, bien sûr. Nous irons dans la soirée au magasin de jouets. D'accord ?

En arrivant, la petite ne tient pas en place. Elle enfile un maillot et joue dans le jacuzzi. Elle sort de l'eau, retourne dedans, saute partout. Une vraie sauterelle. Elle ne tient pas en place, rien à faire. Un peu excédée et réjouie de la voir gaie tout de même, Tonia lui dit :

— Tu ne peux pas te poser un peu ? Tu tournicotes dans tous les sens, là !

— Je m'amuse.

— À tournicoter, Zébulon ! C'est amusant ? Ok, allez, monte. Je vais servir le déjeuner.

La petite ne se fait pas prier. Elle a une faim de loup. Amusée, Tonia dit gentiment :

— Mange doucement. Tu as l'air d'aller beaucoup mieux, en effet.

— C'est trop bon ! Et oui, je me sens mieux.

Pendant que la petite avale une tartelette à la framboise, la grande sirote son café en la regardant.

— Tu veux bien venir sur mes genoux ? lui demande-t-elle.

— Oui, pourquoi ?

— Viens, s'il te plaît.

La petite se lève, contourne la table et s'assied sur ses genoux. Tonia la serre très fort contre sa poitrine et lui dépose un baiser sur le front.

— Écoute. J'aimerais que tu fasses quelque chose pour moi quand tu vas retourner dans ta maison.

— Quoi ?

— J'aimerais que tu ailles sur les genoux de maman. Comme je viens de te le demander. Que tu la serres comme tu l'as fait avec moi. Et que tu lui dises *maman je t'aime*. Tu peux faire ça pour moi ?

— C'est bizarre ! Maman ne me prend jamais sur ses genoux et dire *je t'aime* c'est bizarre.

— Peut-être parce qu'elle n'y pense pas, peut-être parce que cela ne se fait pas. Tu veux bien au moins essayer ?

— Je te promets d'au moins essayer.

— Je te fais confiance. Une autre chose aussi.

— Pas bizarre cette fois ?

— Ben, euh… Tu diras à papa *tout va bien, tu peux partir en paix*. C'est un message pour quand il sera vieux, s'il le retient.

— C'est très, très bizarre. Pourquoi je lui dirais un truc pareil ?

— Eh bien. Aujourd'hui, je sais que c'est un homme seul, tout seul, âgé et malade en Italie. Il attend que le temps passe dans l'espoir de revoir ses quatre enfants et de voir aussi ses petits-enfants. Il y a des vérités implacables. Jamais cela n'arrivera. C'est triste de finir comme ça, même s'il n'y est pas pour rien. Il avait de quoi essayer de se construire un meilleur avenir, il ne l'a pas fait. Mais ce n'est pas une raison pour lui vouloir du mal, ni du bien d'ailleurs, juste ce qu'il mérite.

— Tu as de la peine ?

— Non. Mais pas de haine non plus.

— Tu ne reverras jamais papa ?

— Non, juste une fois à sa sortie de prison par obligation. J'avais quatorze ans. Ce jour-là, j'ai fait le deuil de papa.

— Il va aller en prison ? Pourquoi ?

— Oui, tu te souviens, il va éteindre la lumière de la vie de maman pour toujours.

Tonia serre la petite un peu plus fort contre elle.

— Ça va arriver bientôt, hein ?

— Oui.

La petite baisse la tête, hésite.

— Quand ?

— Tu es sûre de vouloir le savoir ?

— Non.

— Allez. Tu te prépares. Je t'ai promis le magasin de jouets. Oui ?

Aussitôt, la petite retrouve son petit sourire malicieux et file s'habiller. Si maniaque aujourd'hui, Tonia ne pensait pas se voir aussi bordélique petite.

2

L'effet mère (Éphémère)

Arrivées dans le magasin, elles constatent que les billes démodées aujourd'hui sont bon marché. La petite ne comprend pas la valeur de l'euro et l'effet de mode malgré les explications de Tonia. Mais elle a tout de même bien compris qu'elle pouvait prendre un sac de cinquante billes standard, un autre de cinquante agates qui valent plus dans le pot. Une agate est égale à X billes. Et un dernier sac de vingt calots qui valent encore plus de billes ou d'agates. Elle est aux anges. C'est sûr, elle a de quoi jouer pour toute la fin de sa primaire. Malheureusement, si elle les emporte elle n'en profitera qu'une seule semaine. Au CE2, dans l'école où elle sera dans la ville de sa tante, elle ne jouera plus aux billes. Elle va passer au statut social d'orpheline placée chez son oncle et sa tante par l'éducation surveillée dans un premier temps, puis celui d'enfant de la DDASS dans un second temps. Elle va devenir le résultat vivant d'un fait divers dramatique dans la rubrique des journaux. Aujourd'hui, il y a un mot pour cet acte : féminicide, pas à l'époque. Victime d'un féminicide ! Elle est victime des coups donnés… par un bourreau ! Comme si sa mère avait attrapé une maladie (mal a dit) dont l'issue est la mort. Elle n'aime pas ce terme. Il ajoute de la culpabilité à la victime, de son point de vue. Il édulcore un fait, son père a tué sa mère, deux adultes responsables (volontairement ou pas mais c'est un fait). Et pour elle, c'est volontaire : son père savait parfaitement le risque et l'issue d'un coup mal placé. Il en avait déjà donné beaucoup, alors ? Et qui peut, doit sauver cela ? Voilà. Tonia a le cœur qui se serre. Elle se donne du rêve.

— Ça te dit un petit cinéma ?

— Oh oui ! J'ai adoré la dernière fois. Mes copains m'ont dit que je racontais des histoires. Et que c'était drôle mon imagination. Quand je leur ai dit pour la boîte à trous, internet, les voitures… Ils ne m'ont pas crue, tu sais. Ils ont dit *menteuse, tu mens* !

— C'est normal, tu leur racontes des choses qu'ils n'arrivent même pas à envisager ! J'te rassure même ici, souvent les gens ne croient pas ce que je dis non plus. Cela va être un problème pour toi, pour moi, enfin c'est un souci.

— J'te dis même pas quand j'ai raconté le téléphone dans ton sac. Ils m'ont dit que je disais n'importe quoi.

— Il vaut mieux que tu ne dises rien. Tu vas passer pour une sorcière…

Elles rient. Et Tonia tait les derniers mots de sa pensée : ou une mythomane.

— Ben oui. J'ai compris, même si c'est la vérité pourtant. Tant pis ! Sinon je ne vais plus avoir de copains et de copines.

— C'est ça. Ne rien dire, ce n'est pas mentir. Alors ne dis rien.

De toute façon, Tonia le sait bien. La petite ne se souviendra de quasiment plus rien, une amnésie partielle, dès que sa tante la rebaptisera *Tonia*, à son arrivée chez elle. Comme une nouvelle naissance.

Après le film, durant lequel elle n'a pas cessé de poser des questions, elles se rendent dans un petit restaurant italien.

— Demain, je t'emmène dans un parc d'attractions. Le parc Astérix !

— C'est qui ?

— Un héros de bande dessinée qui boit de la potion magique. Je vais t'en montrer une. Tu pourras la lire. Le parc d'attraction c'est le temple du divertissement pour enfants, pour adultes aussi. Nous allons nous amuser, beaucoup.

Tonia tente de lui expliquer ce qu'est un parc d'attraction et tout ce qu'on peut y faire. La petite a tellement hâte qu'il est inutile de mettre un réveil. Tonia se demande même si elle a dormi. Elle la soupçonne d'avoir, tout excitée, passé une partie de la nuit à lire et relire la bande dessinée et d'imaginer tous ces personnages en taille réelle dans le parc. Elle est debout, très tôt, sans réveil. Eh oui ! Elle se prépare à la grande aventure. Dans la voiture, elle questionne.

— Au fait ? Tu l'as eu ton diplôme d'amour ?

— J'y travaille. Pas d'amoureux, si c'est là ta question.

— Pff ! C'est nul, t'es nulle…

— Écoute, je ne vais pas prendre un amoureux histoire de dire que j'ai un amoureux, tu es d'accord ? Il me faut un bon cheval ou un bon guide. J'ai travaillé tout de même sur le sujet. J'ai passé quelques unités de valeur, c'est-à-dire que j'ai réussi certaines matières du diplôme. Il reste l'amoureux. Celui qui validera le diplôme avec le plus de points.

— Tu ne t'ennuies pas toute seule ?

— Si, parfois, et parfois j'aime bien, maintenant.

— Je voudrais bien ne pas finir ma vie seule comme papa.

— Ben quelle idée ! Tu n'iras pas en prison. Enfin, sauf si je me mets à faire du banditisme. Va savoir ! Tu as tes sœurs, ton frère, ton fils, ta cousine, ta tante, tes amies et des copains. Tu es parfois seule, mais pas tout le temps.

— Quand même, j'trouve t'es souvent seule.

— C'est mieux que rien. Et tu passeras de bons moments avec eux.

— D'accord. Mais j'aimerais bien te, me savoir avec quelqu'un.

— Si cela doit arriver, ça arrivera, sinon… ben, tant pis.

— Je ne trouve pas ça tant pis moi ! J'veux pas finir comme ça !

— Grrr. Je fais comme je peux. Les amoureux ne tombent pas des arbres. Il faut une alchimie, une envie, un désir. Je ne braderai pas un compagnon par sécurité et confort. Et je ne suis pas encore complètement guérie de mon chagrin d'amour.

— Tu fais peu alors. Tu connais bien des garçons quand même ? Tu fumes toujours, aussi.

Tonia s'agace.

— C'est l'heure de ma fête, ou bien ? Tu as raison, ça commence à m'énerver cette fumée qui me pique le nez, d'ailleurs. Je commence à faire le chemin… dans ma tête c'est déjà ça. Tu ne vas pas m'irriter comme mon fils. Lui aussi me tanne avec mes cigarettes !

— Ben, tu t'énerves toute seule, parce que tu aimerais bien arrêter. Et tu n'y arrives pas, c'est ça ? Eh oui !

Aïe, le bon sens enfantin, la logique de l'innocence. Grrr ! Tonia le sait, elle pratique l'acrasie sur ce sujet.

— Va savoir. Ma cigarette c'est mon amoureux. Ou mon antidépresseur. Nous sommes presque arrivées.

Tonia entre dans le grand parking et se gare avant de se diriger vers l'entrée. La petite est déjà émerveillée par les boutiques de souvenirs. Elle aura toutes les peines du monde à lui faire comprendre qu'elles feront les achats à la sortie pour éviter de transporter des objets dans leurs sacs à dos durant la journée et dans les manèges où ils risqueraient de s'abîmer ou de se casser.

Elle fonce vers le Grand Splatch, puis, vers la balade d'Astérix. La petite refuse le grand huit, ce qui n'étonne pas Tonia, qui comprend qu'elle n'est déjà pas adepte de sensations fortes dans les airs. Ce manège ne la tente pas. Elles iront ensuite assister à un premier spectacle dans les arènes. Elles sont enchantées. Pour le déjeuner, la petite choisit la crêperie dans le village d'Astérix. Elle est fan du petit héros à la potion magique et surtout du petit chien Idéfix. Avant de prendre place, elle se secoue, se sèche et se change.

— C'est super. Heureusement que tu as prévu des tee-shirts. Nous sommes mouillées tout le temps ici, dit-elle en rigolant.

— Oui, l'expérience. Ce n'est pas la première fois que je viens.

— Tu es déjà venue alors ?

Tonia s'amuse de son étonnement.

— Oh oui ! Mon fils, petit, adorait ce parc, entre autres. Donc oui, plein de fois. Il y a eu une fois où il a plu toute la journée, alors mouillé pour mouillé, nous étions trempés jusqu'aux os ! Et ce fut l'une des plus belles fois. Il n'y avait personne, alors tu n'imagines pas le nombre de tours que nous avons fait sans file d'attente !

— Il y en a d'autres des parcs comme ça ? ajoute-t-elle la bouche pleine.

— Oui, je crois bien qu'avec mon fils et son père, nous avons fait tous ceux des alentours, jusqu'à Poitiers où se trouve le Futuroscope.

— On y va demain ?

— Où ça ?

— Ben au truc futur.

— C'est loin, il faut y aller pour deux jours au moins. Je suis obligée de te dire non. Le seul que je n'ai pas encore fait, c'est celui du Puy du Fou. Le thème de ce parc tourne autour de spectacles historiques, les chevaliers !

— Pourquoi tu n'y vas pas ? Vas-y.

— J'ai failli mais la Covid m'en a empêchée. Une prochaine fois peut-être.

— C'est chouette de pouvoir faire toutes ces choses.

— Je ne sais pas. Je me le demande. Je n'en suis pas si sûre.

— Pourquoi ?

— Et bien, le progrès abîme beaucoup la planète. Tous ces parcs utilisent toutes sortes d'énergie. Puis, ce sont de bons moments sur l'instant, c'est divertissant sur le moment. Mais c'est éphémère. Ce n'est pas l'essentiel.

— Ben moi je m'amuse bien là ! Et je t'aime fort comme ça !

Elle écarte les bras à s'en déboîter les épaules. Tonia rit.

— Oui, amuse-toi, profite ! Et merci ! Moi itou, je t'aime fort comme ça.

Elle écarte les bras, enlace la petite et l'embrasse bien fort sur le front. Mais elle ne peut s'empêcher d'ajouter dans sa tête, *nous ne savons pas de quoi sera fait demain !* La petite alors s'écarte de Tonia, écarquille les yeux puis fronce les sourcils.

— C'est quoi l'essentiel ?

— Tu le sais bien. Sans l'amour…

La petite lui coupe la parole :

— On est pauvre.

— NOUS ! oui. Tu t'amuses parce que tu partages ce moment avec moi. Si tu faisais cette même journée en mauvaise compagnie, tu ne trouverais pas cela chouette. Ta journée se transformerait en calvaire ou en épreuve désagréable.

— Tu peux être avec quelqu'un qui t'aime et que t'aimes, si l'endroit ne plaît pas à l'un ou l'autre, c'est pas bien non plus. Alors, des fois j'suis obligée d'faire des trucs que j'aime pô ! Même si je l'fais avec une de mes sœurs par exemple.

— Comme quoi ?

— Faire des courses, allez chercher les cigarettes de maman…

Tonia baisse la tête, que lui répondre ? La petite a une vie si particulière qui fait qu'elle et ses sœurs sont toujours hyper vigilantes. Elles se régalent, surtout au dessert. Puis comme promis, après s'être amusées jusqu'à l'heure de la fermeture, elles font les boutiques avant de partir. La petite veut tellement de choses. Mais là, les prix ne sont pas bon marché. Tonia la freine, lui demande de faire du tri dans son panier bien plein. Elle choisira le sweat rouge avec Astérix, Obélix et Idéfix, un bol bleu avec Astérix pour le petit-déjeuner et un porte-clés avec le petit chien blanc qu'elle trouve trop chou.

À peine sont-elles sorties du parking et installées dans la voiture, que la petite s'écroule dans un sommeil profond. Plus de sons, plus d'images.

Tonia allume son autoradio sur la station des autoroutes. Lorsqu'elles arrivent devant l'appartement, la petite s'éveille, peine à sortir de la voiture. Elle entre sans mot dire, se déshabille et se blottit directement dans le grand lit de Tonia. Elle, en revanche, prendra le temps d'une douche, de boire une tisane et de se regarder petite en train de faire de beaux rêves. Sera-t-elle encore là demain ? pense-t-elle.

3

Sang (Sens) féminin

Eh oui ! Réveillée par le chant des oiseaux et un lever de soleil prometteur, la petite bondit du lit comme un pinson. Elle a préparé le petit-déjeuner, pressée d'étrenner son nouveau bol. Les bruits du micro-ondes, entre autres choses, ont forcément réveillé Tonia. La petite est bien là ! Elle claque la porte de l'appareil qui ne lui a pourtant rien fait. Tonia se lève et de bonne humeur la rejoint.

— Merci ! C'est sympa d'avoir préparé le petit-déjeuner. Pas de difficultés avec le matériel moderne apparemment.

— C'est facile, il n'y a qu'un bouton à tourner. J't'ai vu faire. Nous faisons quoi aujourd'hui ?

— Repos. Nous irons faire une balade près des lacs cet après-midi, si tu veux.

— D'accord. Les lacs où on s'est vues la première fois ?

— Oui. Ne dit pas *on* s'il te plaît. Où nous nous sommes vues ! D'accord ? Je vais te montrer l'autre côté de ces lacs, là où migrent les oiseaux.

— J'ai pensé tout à l'heure, lâche-t-elle.

— Oh là, là ! Je te l'ai déjà dit, ne pense pas trop cela fait mal à la tête.

— Je n'ai plus mal. Tu as vu j'ai une croûte maintenant.

Elle lui montre sa blessure au crâne.

— Oui, la petite plaque blanche.

— Bon, écoute ! J'ai pensé. Je crois qu'je vais partir seulement quand tu auras un amoureux.

— Eh bien je suis ravie, c'est très sympathique de ta part mais cela risque de durer longtemps alors. Je ne crois pas que la suspension dans le temps va te laisser faire.

— Je suis bien avec toi. Je n'ai plus envie de rentrer. Il te faut de l'aide là. Je m'aide aussi non ? J'veux pas finir toute seule, c'est trop triste. Je vais t'en trouver un, moi, un amoureux.

— Tu te sens bien parce que je te fais profiter de bons moments tranquillement, sereinement. Mais si tu vivais tous les jours avec moi, j'en suis sûre, parfois tu en aurais marre, marre de toi. C'est déjà le cas du reste. Ce n'est pas drôle, quand je travaille par exemple. Puis, tu irais à l'école et tout le reste. La routine quoi ! Pas drôle.

— Si ! Moi j'aime bien aller à l'école. Puis, c'est vrai, ici je suis tranquille. J'trouve pas qu'tu fais rien !

— Ce n'est pas possible. Tu as une vie à faire. La mienne, je te le rappelle. Ta vie n'est pas avec ton toi âgé !

— Ben, c'est dommage. J'aime bien qui tu es. Je n'aime pas qu'tu sois seule et des fois ton regard l'dit. Il est tellement triste, quand tu fumes tu l'as toujours.

Tonia répond à la partie qui l'arrange.

— C'est gentil. Mais tous les jours avec toi-même, je ne suis pas sûre que tu dirais encore la même chose. Et mon regard n'est pas triste, il est mélancolique.

— Dis, ça va être dur ? dit la gamine avec sa petite moue interrogatrice.

— Quoi, d'être seule ?

— Non ! Tu sais bien… avant d'aller chez tata.

C'est tout Tonia ça, changer de conversation et passer du coq à l'âne. Faut suivre…

— Oui, mais pas tant que ça avec le recul. Un soulagement même. Le passage le plus dur de ta vie, c'est les années à partir de 2015 jusqu'à début 2021. Et surtout les trois années de mi 2017 à mi 2020. Après, cela ira de mieux en mieux. Avec des hauts et des bas mais de moins en moins.

Elle compte avec ses petits doigts.

— Sept ans, c'est beaucoup ! Le chagrin d'amour, c'est ça ?

— Oui. À partir de 2017, le chagrin d'amour. Je n'étais déjà pas en pleine forme. C'est la cerise sur le gâteau ! Un gâteau raté et la cerise très amère. Cela m'a provoqué un choc émotionnel. Ce choc va entraîner pas mal d'ennuis physiques, un problème de thyroïde important et une belle déprime. Tu vas échapper à l'opération, puis à la médicamentation ensuite. Ne me demande pas comment, c'est comme ta blessure au crâne. Un petit miracle. Va savoir. Peut-être y a-t-il une autre suspension dans le temps où moi très vieille je me rencontre à l'âge d'aujourd'hui ? C'est amusant non ? C'est vrai, c'est beaucoup, c'est trop. Vers le milieu de l'année 2020 ça commencera à aller vraiment mieux. Allez, ne t'en fais pas… Tonia dit cette dernière phrase sans réelle conviction. Alors, la petite rétorque :

— Pour le coup j'suis vraiment prévenue ! J'peux vraiment pas l'éviter ? insiste-t-elle.

— Comment ? Oui, tu es prévenue mais ça ne suffira pas. Tu vas oublier cette conversation et surtout, je ne vois pas comment tu pourrais faire. Même en rembobinant la bande, en regardant dans le rétro, je ne vois pas comment éviter tout ça. Aucun de ces évènements ne dépendent de toi, tu vas les subir, à part un, comme je te l'ai déjà raconté. Alors, si une petite voix te dit lors du recrutement de ton assistant de prendre une fille plutôt qu'un garçon, fais-le ! Tu peux peut-être changer ça.

Tonia sait que cette remarque est idiote. Ce jour-là, à aucun moment elle n'avait imaginé le cours des évènements qui ont suivi. Quand elle a recruté Conrad, elle a écouté son instinct. Son discours lui a plu, son humour aussi, surtout. Un beau et bon parleur ?

Elles passent leur matinée sereinement à arranger la roseraie. La petite découvre les joies du jardinage et trouve finalement plus fascinante la culture des roses. Le jardin de son grand-père est légumineux, c'est certes moins coloré mais plus utile.

— Elles sont belles tes roses. J'aime bien celles-ci. C'est mieux qu'le potager d'chez pépé. Faut pas charrier le fumier au moins. Ça pue !

Tonia sourit. Charrier le fumier, elle s'en souvient, pour l'avoir fait encore de nombreuses fois, plus âgée, avec ses sœurs, ses cousins et ses cousines chaque fois qu'elle s'y trouvait, avec ses oncles et tantes.

— Ah oui, jaunes et oranges et bien grosses, à l'ancienne, bien odorantes et là ça sent bon au moins ! Je les aime aussi beaucoup.

— Tu sais toi pourquoi pépé est tout seul ? demande la petite.

— Oui. Ta grand-mère est morte jeune d'une longue maladie. Elle avait quarante-quatre ans. Maman avait quinze ans. Elle a fini seule avec son père. Plus âgés, son frère et sa sœur, ta tante, étaient déjà en région parisienne. Elle est donc allée en pension dans une institution catholique d'une grande ville normande pour finir ses études de sténodactylo jusqu'à ses dix-huit ans. Puis elle est allée chez ta tante pour trouver elle aussi du travail en région parisienne.

— Ah ! C'est triste de ne plus avoir sa maman si jeune ! Elle a fait beaucoup d'école ! Dis, tu as des copains quand même ?

Tonia répondra à sa dernière question sans rebondir sur ses premières remarques. Oui, c'est triste de perdre sa maman jeune… Elle ne l'envisage toujours pas manifestement. Elle, elle aura huit ans ! Et sa mère s'en ira du jour au lendemain, sans maladie mais victime d'un meurtre. Sur un ton léger elle poursuit la conversation.

— Oui.

— Des copains que tu embrasses ?

— Oui.

— Alors, tu as un amoureux !

— Non.

— J'comprends rien. Si tu embrasses un copain, c'est plus un copain. C'est plus. C'est un amoureux.

— Je ne pense pas pouvoir t'expliquer ça. Les rapports de tendresse peuvent être subtils. Je profite de bons moments avec eux mais je ne suis pas amoureuse. Il n'y pas d'attachement, soit parce que ce n'est pas possible, par exemple quand ils ont déjà une famille, soit parce qu'ils ne correspondent pas à ce que tu souhaites partager vraiment. Là où ça commence à être difficile c'est lorsque tu t'attaches et que ce n'est pas possible.

— Et ces copains, ils ont une famille, une femme ?

— Oui, certains ont une famille.

— Pourquoi ils viennent te voir alors ? Ils ont des enfants ?

— L'un d'eux oui, sa compagne a un enfant qu'ils élèvent ensemble. Mais lui n'en a pas et n'en veut pas.

— Ben, c'est pas gentil ça. S'il a une femme déjà.

— Ce n'est pas mon problème. Je m'en fiche en fait. Quand j'étais mariée, je n'aurais jamais dit ça. Mais aujourd'hui, l'infidélité est un vrai sujet. Personnellement, je suis droite dans mes bottes. Chacun décide de sa loyauté envers lui-même, de l'autre et de son engagement.

— Tant mieux ! Mais ce n'est pas bien quand même d'embrasser quelqu'un qui a déjà quelqu'un.

— Ben tu sais aujourd'hui… Parfois, tu ne sais même pas s'ils sont seuls ou pas alors…

— Tu crois que papa a une autre femme ?

— Euh, quelle idée ! Je ne crois pas. Quand ? Il t'emmène partout avec lui. Quoique… à son travail peut-être ? C'est possible. Je ne sais pas. Le travail laisse de l'espace pour cela, j'en sais quelque chose.

— Et s'il en avait une ? C'est une raison pour taper maman, non ?

— Non, rien ne justifie les coups, non.

— C'est nous alors ? Il ne peut pas partir parce qu'il y a nous ?

— Nous ? Toi, tes sœurs et ton frère ? Je ne sais pas. Les enfants sont un argument pour ne pas partir mais pas seulement, il y a aussi l'achat d'une maison, d'un bien immobilier. Un mariage, une vie à deux, c'est un contrat moral et financier aussi, même quand il n'y a plus d'amour dans le couple, il y a le contrat. Il est plus facile de rester pour ne pas rompre tout cela et pour ne pas être seul. Cela dit c'est de moins en moins vrai. Les femmes partent maintenant. Elles ne sont plus aussi dépendantes d'un mari. Un avantage que n'a pas ta maman. Aujourd'hui, elles ne sont plus dépendantes financièrement et peuvent partir plus facilement. C'est la révolution féminine du vingt-et-unième siècle ! Du coup, les hommes sont déstabilisés.

Tonia rit jaune en disant cette dernière phrase.

— Je vais te raconter une anecdote. Un jour, lors d'une discussion avec des collègues de travail, l'un d'eux m'a signifié appeler ces départs féminins le syndrome de la chute libre. Les hommes ne s'imaginent pas tous encore qu'une femme puisse partir. Certains continuent de s'octroyer toutes sortes de libertés. D'où la chute libre. Ils tombent de haut, les croyances inculquées s'effondrent brutalement. Ce collègue a eu du mal à digérer les valises sur le palier. J'ai trouvé ce terme amusant et sa remise en question intéressante. Il admet avoir perdu son confort, sa sécurité et cet accord tacite, non dit, entre sa femme et lui. Dans le déni, elle acceptait ses infidélités répétées. Pour lui c'était commode si je puis dire. Il avait le beurre, l'argent du beurre et le sourire de la crémière.

Pour ne pas choquer la petite, Tonia a remplacé *cul* par *sourire* dans cette phrase, puis elle continue sa petite histoire.

— Mais voilà, il a trompé sa femme une fois de trop. Sa dernière maîtresse, ne supportant pas d'avoir été trahie par des promesses non tenues, est allée tout raconter à sa femme, qui s'est réveillée et s'est sentie humiliée. Une infidélité de trop, et surtout racontée par une maîtresse qu'elle voyait physiquement. C'était bien réel d'un coup !

— Et maman ? Tu crois…

— Alors là, je suis certaine que non. Elle n'est pas du tout dans la séduction. Elle a bien d'autres choses à penser (panser) ou peut-être même qu'elle ne pense plus du tout. Alors, avoir un amant !

— On dit amant ?

— Oui. Lorsqu'une femme est infidèle, le terme est avoir un amant. Pour les hommes, on dit avoir une maîtresse. Comme s'il leur fallait en permanence des leçons ! Nous disons même mieux, c'est devenu tellement courant ces pratiques d'infidélité… nous appelons cela une triangulaire.

En disant ce mot Tonia ne peut s'empêcher une pensée : trois, n'est-ce-pas l'équilibre dans son paradigme ? Pour combler le vide – ici, la lassitude, l'usure du couple. Une conduite admise aujourd'hui encore plus facilement pour les hommes que pour les femmes. Est-ce la sagesse féminine ou l'hypocrisie ? Que faire alors de la nature des sentiments ? L'amour passionnel, le vrai, empêche-t-il l'adultère et l'amour toxique ? Il faut de la part des deux un amour inconditionnel pour souffrir la dérive. *Triangulaire* est moins culpabilisant qu'*adultère* !

La petite pensive, elle aussi, lui répond :

— C'est bizarre… étrange… bon, pas de possibilité d'amoureux dans ton tas de copains alors ?

— Un tas ? Tu exagères ! Peut-être un. Celui que j'aime beaucoup. Mais il habite à l'autre bout de la France. Nous nous voyons peu, nous échangeons toujours par SMS depuis près de quatre ans. Nous aimons bien être ensemble, nous aimons bien échanger. Nous restons amis pour ne pas souffrir probablement. La distance est une séparation naturelle.

— Pourquoi, si vous vous aimez bien ?

— Il est loin et il vit d'une façon particulière. Et puis, lui aussi a eu un gros chagrin d'amour. Il lui a fallu plus de dix ans pour se remettre, je pense que ce n'est pas encore fini.

— Bon, ben il faut t'en trouver un autre alors, pff…

Elle soupire avec un air très ennuyé.

— Et si nous mangions d'abord ? Tu feras des fouilles après.

À table, la petite mange et soupire entre deux bouchées.

— Ce n'est pas bon ?

— Si, si.

— Quoi ?

— Je réfléchis, pas facile de trouver un amoureux dans un monde inconnu.

Comme si elle voulait finalement l'encourager, Tonia rétorque :

— Les réseaux sociaux et les sites de rencontre. Mais se reprend très vite :

— Je n'ai rien dit, c'est nul.

— Hein ? Les quoi ?

— Écoute, laisse tomber l'amoureux ok ? conclut Tonia.

— Hum… dis, j'voudrais faire autre chose que d'aller au lac pour aller voir les oiseaux. Si on… nous allons là-bas, je sais, j'vais partir. J'veux pas tout d'suite.

Elle dit ces derniers mots d'une moue boudeuse.

— D'accord. Alors, tu as une proposition ?

Elle se lève pour attraper des glaces dans le congélateur de la cuisine, en profite pour mettre au passage de la musique à fond, Aretha Franklin et Louis Amstrong et rejoint Tonia sur la terrasse.

— C'est super ! On danse ?

Avec leurs esquimaux à la main, elles se mettent à se dandiner avec en guise de micro les esquimaux, dans lesquelles elles chantent en chœur (cœur) à tue-tête. Elles hurlent.

— Lalalalala… Tonia s'arrête net, essoufflée.

— J'ai une idée ! Tu n'as jamais été à Paris ? Tu n'as jamais pris le métro non plus ? La ligne 14 est tout automatique, sans conducteur. As-tu envie de découvrir ? Il y aura plein de monde. Tu me trouveras peut-être un amoureux.

La gamine saute en l'air à pieds joints et la glace finit par terre. Elles éclatent de rire.

—Vas en prendre une autre, puis nous filons !

Joyeusement, elles finissent les corvées, s'habillent et hop ! Dans le RER, elle est toute excitée. Pour elle, c'est un grand voyage.

Le métro la ravit. Pas de conducteur et nous pouvons voir le début et la fin de tous les wagons. Fantastique !

— Oh là là, quand j'vais raconter tout ça !

— Non ! Tu ne racontes rien, sorcière.

— Ah oui ! Pourquoi j'ai pas oublié la dernière fois quand j'suis rentrée ?

— Pour pouvoir revenir. Si tu avais oublié, tu n'aurais pas sollicité l'aide de la suspension dans le temps pour atterrir dans mon jacuzzi. Ta mémoire va faire un *reset* quand tu vas arriver chez ta tante. Là, tu ne te souviendras vraiment de rien.

— C'est quoi risette ?

— RESET, effacer.

— Bon, c'est très bête ça ! J'préférerais m'souvenir.

Elle parle en scrutant tout et tout le monde.

— Que fais-tu à regarder les gens comme ça ?

— J'regarde pour un amoureux.

— Ah oui ! Et ?

— Bof, ils sont moches, ou tristes, ou vieux, ou… j'trouve pas là ! dit-elle irritée et très agacée.

Elles sortent du métro à la station Bercy. Tonia se dirige alors vers la petite terrasse d'un café.

— Je t'offre une menthe à l'eau ?

— Comment tu sais ?

— Je bois toujours la même chose, une menthe à l'eau ou un café, mais toi pas de café.

À peine se sont-elles désaltérées, que la petite file déjà vers les petites ruelles, émerveillée.

— C'est beau ici ! Ces petites rues comme ça. J'aime bien.

Cette fois, elle regarde plutôt les vitrines, la population semble ne plus avoir le même intérêt. L'envie de découvrir de nouvelles choses l'emporte. Tonia la regarde se déhancher, se tordre le coup ou se mettre sur la pointe des pieds pour mieux voir, mieux toucher, parfois même mieux entendre tout ce qu'elle ne connaît pas. Elle répond patiemment à toutes ses questions. *C'est quoi ? Ça sert à quoi ?* Puis, la prenant par la main, elle suggère de reprendre le métro.

— Tu viens ? Nous allons maintenant au quartier latin, puis place du Panthéon dite aussi place des Grands-Hommes depuis une chanson célèbre. En face il y a une grande université. Cela te tente ?

— Celle où tu as eu ton diplôme ?

— Oui, le Panthéon est l'un de mes endroits préférés, si ce n'est mon préféré. Monter les marches… Être un Grand-Homme ! Ou une Grande-Femme ?

Pendant le trajet, Tonia lui explique la reconnaissance post-mortem de ceux qui sont enterrés à cet endroit : des républicains ayant œuvré pour le bien commun de la France et laissé une trace historique grâce à leur savoir-être, à leur savoir-faire ou aux deux. Ceux dont les actes ont marqué l'histoire par leur créativité ou leur engagement. Arrivée sur la place du Panthéon, devant le monument, la petite est éblouie par l'édifice, de surcroît restauré.

— Oh ! C'est beaucoup trop beau !

Profitant de personnes qu'elle connaît, Tonia la fait entrer aussi dans les couloirs de l'université d'en face. Ici, dans la partie ancienne, le poids de l'histoire pèse. Elles poursuivent leur promenade boulevard Saint-Michel et au jardin du Luxembourg. Puis elles reprennent le métro, direction la butte Montmartre.

— Ben, il y en a des marches ! J'en peux plus, là !

— Tu les as comptées en montant ?

— Oui, cent quatre-vingt-dix-huit !

— Ah, tu t'es trompée, il y en deux cent vingt-deux ! Regarde, nous y sommes, voici le Sacré-Cœur. Nous entrons ? Tu veux mettre un cierge et faire une prière ?

— Hein ? C'est quoi tout ça ?

Elle avait oublié, le catéchisme, la religion c'est plus tard, chez tata. Une façon d'avoir toujours le souffle, la présence de sa mère dans son cœur pour l'accompagner.

— Je vais le faire pour nous deux, d'accord ?

Elles font la queue, et entrent dans la basilique. La petite trouve cela un peu froid, sombre, triste, toutes ces bougies comme ça, les unes à côté des autres. Elle n'est pas très inspirée par l'intérieur du lieu, qu'elle trouve lugubre. Tonia perçoit son malaise et la rassure.

— Cet endroit permet une grande chose, quand nous sortons, nous y voyons toujours plus clair.

Elle ne comprend certes pas encore le double sens de cette phrase. Mais suffisamment pour s'interroger et demander :

— Elle te manque maman ?

— Elle m'a manqué vraiment deux fois. Les deux fois où tata Jeje n'était pas près de moi. À la naissance de mon… de notre fils, et de 2015 à aujourd'hui encore. Je lui parle dans ce genre d'édifice justement, les églises. Je ne suis pas croyante à proprement parler. Maman l'était. Alors, j'ai l'impression d'être proche d'elle dans ces endroits.

— Ah, d'accord ! Oui, euh… et papa il te manque ?

— Ben non ! Beaucoup auront du mal à le croire, surtout les psys et pourtant ! Non, il ne me manque pas.

— C'est bizarre… j'pensais…

— Tu vas être tellement en colère. Tu feras le deuil de lui à quatorze ans. Puis, après avec les années, l'indifférence. Vraiment.

— J'imagine pas, là.

— J'm'en doute. Allez viens, il commence à être tard. Nous allons dénicher un petit restaurant plus bas et ensuite nous reprendrons les transports.

Dans le dernier RER, la petite fatigue, elle regarde par la fenêtre et se rappelle un souvenir qu'elle raconte à Tonia, probablement pour ne pas s'endormir.

— Tu sais d'être là dans ce train, cela m'rappelle quand j'suis partie avec papa en Italie. J'voulais pas. On a laissé maman sur le quai avec son gros ventre et mes p'tites sœurs. J'voulais pas y aller. J'voulais rester avec maman moi aussi. J'pleurais dans l'train quand il a démarré et ça énervait papa. Alors, je n'ai plus rien dit. J'croyais qu'il m'emmenait pour qu'je reste là-bas chez sa mère. Je ne l'aime pas *Nonna*, elle est vieille, moche avec un air sévère. Elle a essayé d'être gentille en m'donnant tout l'temps des *maritozzi* pour qu'je mange. Mais j'disais plus rien, j'voulais pas manger, j'voulais pas rester. Elle insiste comme si elle criait à l'aide.

— J'voulais pas rester là, j'sentais un truc pas clair… Tu comprends ? J'voulais pas.

Elle insiste sur cette dernière phrase. Tonia la regarde mais ne se souvient pas de cet épisode.

— Tu es sûre d'être allée en Italie ? C'est quoi des *maritozzi* ?

Étonnée par la réponse de Tonia, la petite la regarde avec de grands yeux de stupéfaction et d'incompréhension.

— Ben tu sais bien, des brioches à la crème ! Mais si ! J'parlais plus, j'faisais plus rien, j'voulais plus rien. J'voulais rentrer c'est tout ! Papa a eu peur, pour une fois. Et nous sommes rentrés en France. Hein, tu te souviens ?

Mal à l'aise, Tonia tente une pirouette.

— Je te crois mais tu vois j'ai un vrai trou de mémoire là !

La petite la regarde d'un air très inquiet. Pour elle, c'est important. Alors, Tonia tente de se remémorer cette histoire, de la rassurer.

— Pour te consoler, dans le train, papa t'a donné un chewing-gum à la menthe ? C'est ça ?

— Oui ! Voilà ! Tu vois tu t'en souviens !

Tonia se souvient d'avoir associé cet évènement au goût du chewing-gum à la menthe qui, du coup, est une friandise qu'elle ne mange pas. Elle comprend aussi qu'elle a vécu ces « vacances » comme un traumatisme et que la petite a mis un mécanisme psychologique en place pour se protéger. Il était bien prévu qu'elle reste chez sa grand-mère italienne, sa propre mère, enceinte, étant jugée par son mari inapte à l'élever correctement. Tout lui revient d'un coup. Son intuition infaillible à ce moment précis. Elle avait cinq ans et demi, elle avait entendu ses parents en parler, se disputer, se bagarrer sur le sujet. Pour se tirer d'affaire, elle s'est mise dans une forme d'autisme, une bulle dans laquelle elle a enfermé son cerveau. Elle prend conscience qu'elle a reproduit ce même mécanisme deux autres fois dans sa vie. La dernière date de 2015 environ et a duré près de quatre ans. Elle déglutit, mais garde son aplomb devant la petite pour ne pas l'effrayer. Le train arrive enfin et elles descendent sur le quai. Comblées, elles rentrent évidemment très tard. Arrivée dans l'appartement, la petite, joyeuse et rassurée, se précipite vers le salon.

— J'en ai plein les bottes, pas toi ? demande Tonia.

— Ah si ! J'en peux plus ! Elle se laisse tomber sur le canapé de tout son petit poids.

— Je vais éviter d'en faire autant, je risque de casser une latte !

Tonia s'assoit donc plus délicatement près d'elle et lui prend la main.

— Sacrée journée, non ?

— Ah ouais ! C'était super. Et pas d'am…

Tonia la coupe.

— Vraiment, quand tu as une idée en tête ! C'est ton os à ronger du moment ?

— Os à ronger ?

— Oui, c'est une blague entre ton fils et toi, euh moi, enfin nous… Quand il te verra t'ennuyer ou tourner en rond, il te dira de te trouver un os à ronger !

— J'en trouve ?

— Ben oui, et tu les ronges jusqu'à la moëlle !

— Comme quoi ?

— La roseraie, le footing, par exemple. Je te donne les moins loufoques. Tu vas explorer, enfin ronger d'autres os plus bizarres (Tonia éclate de rire). Parfois tu feras même flipper ton entourage ! Je te rassure, tu sais t'arrêter avant le danger. Tes limites sont beaucoup plus éloignées par rapport à la normalité, alors tes proches craignent parfois pour toi. Tu sauras les rassurer et aller au bout de tes expériences. Et, c'est vrai, tu ne lâches pas. Tu t'engages. Et parfois tu te fais mal.

— C'est idiot.

— Non, c'est intense. C'est plus… authentique. Cela attire, intrigue les autres aussi. C'est aussi une difficulté pour avoir un amoureux, cela peut faire peur ce côté excessif et enfantin…

— J'verrais plus tard. Là, j'voudrais pas partir sans connaître ton amoureux.

— Eh bien là, vois-tu, cet entêtement va te faire mal. C'est impossible. Mets de l'eau dans ton vin.

— Ben quand tu dis *impossible,* c'est excessif aussi ! Pourquoi j'dois, moi, faire l'effort ? J'veux rester avec toi. Si on, nous, pff… allons aux lacs j'vais partir. Je veux pô !

— Tu es sûre de ça ?

La petite réfléchit.

— Ah oui, cette fois c'est dans le jacuzzi que j'ai atterri. Et toi, tu es sûre que j'vais partir avant de connaître ton amoureux ?

— Ah, moi je suis sûre de ne pas avoir d'amoureux en vue au moment où je te parle. Alors, cela peut durer encore des mois, voire des années. C'est mieux si tu pars sur une jolie fin, non ? Un joli souvenir ?

— J'vais réfléchir, là, j'suis fatiguée.

— Allez, ok, douche et lit.

La petite file dans la salle de bain, se lave, se brosse les dents (elle continue d'apprendre, cette hygiène à son époque est très aléatoire). Et elle se love dans le lit.

— Tu me racontes la fin du Petit Prince ? Il ne reste pas beaucoup de pages. Après tu m'liras l'autre, la suite.

— Oui, le Petit Prince, ensuite son retour. Nous verrons si nous pourrons.

Elle finit les dix dernières pages de l'histoire et embrasse la petite – qui comme à son habitude lance l'oreiller à ses pieds, se met sur le ventre, relève sa jambe droite et s'endort paisiblement.

4

L'héritage du handicap

Tonia, quant à elle, prend le temps. Elle n'a pas envie de dormir. Après sa douche, elle descend dans son jardinet, nue dans son peignoir. Il fait encore très doux, elle se délasse dans les bulles de son jacuzzi et se vide la tête. La petite la remue physiquement, moralement et émotionnellement surtout. C'est étrange ces rencontres… Elle se demande qui aide l'autre. Leurs échanges restent un mystère. Elle est si petite et comprend déjà tant de choses.

Au matin, elle l'entend préparer son petit-déjeuner sans se soucier des bruits de casserole.

— C'est prêt ! s'écrie-t-elle en glissant la tête dans l'encadrement de la porte de la chambre à coucher.

— Je me suis couchée tard, là, laisse-moi dormir encore un peu, ok ? S'il te plaît.

— Ben, j'vais faire quoi ?

Se retournant dans son lit, Tonia lui répond avec un sourire et d'un ton moqueur,

— Trouve toi un os à ronger ou bien entraîne-toi aux billes.

La petite soupire, pour elle c'est un défi.

— D'accord ! rétorque-t-elle de son ton sec.

Tonia l'entend descendre et discuter avec les enfants du voisinage. Ils lui demandent qui elle est.

— La fille de la meilleure amie de Tonia, répond-elle.

Tonia en rit. Elle est maligne ! Une vérité arrangée, ne pas mentir. Quand elle se lève à près de midi, elle découvre la petite sur son PC portable.

— Tu ne joues plus aux billes ?

— Toute seule ce n'est pas intéressant. Les autres enfants n'avaient pas l'droit d'venir. J'm'entraîne sur internet, comme tu m'as montré.

— Et ?

— J'ai compris les réseaux sociaux, puis j'ai regardé les sites de rencontre et…

Tonia lui coupe la parole, elle imagine l'impensable, pas de contrôle parental d'activé sur ses ordinateurs.

— Tu as fait quoi ?

— Ben, c'est nul ! Il faut mettre un profil, le tien, enfin le mien vieille et j'sais pas en fait. Puis il faut payer. C'est normal de payer pour avoir un amoureux ?

— Rien d'autre ?

— Non, j'sais pas trop faire quand même. Pourquoi il faut payer pour avoir un amoureux ?

— C'est un marché ! Comme les fruits et légumes, un besoin, une demande, une offre, ça se paie. Les réseaux sociaux ont cet art de te créer plein d'amis virtuels et en fait tu n'en as aucun. Donc les rencontres sont plus difficiles, d'où les sites, il n'y a plus de bals du village.

— C'est le progrès ça ?

— Cela en fait partie, oui. Et alors tu as cherché quoi d'autre ?

— J'ai regardé tes albums photos du coup.

— Ah oui, dis-moi ? demande-t-elle, soulagée.

— J'aime bien. (Elle tourne le PC vers Tonia). C'est lui ton mari ? Il est souvent sur les photos. Et lui, c'est ton fils ?

— Oui et oui. Alors ?

— Ton fils on dirait moi… j'ai cru que c'était moi, là.

   Elle lui montre une photo où il a entre cinq et sept ans.

— Oui, il te ressemble, enfin il nous ressemble.

— Ben, plus maintenant quand même ! C'est qui elle et elle avec ces enfants ?

— Tes sœurs !

— Wouah ! Et lui ?

— Ton frère.

— Il est beau et grand là !

— Humm, il était plus jeune, à l'armée. Il a fait son service militaire dans la marine.

— Il n'est plus comme ça ?

— Si, mais il a vieilli lui aussi.

— Ah ! Tu me montres ton amoureux ?

— Je n'ai pas de photos. Enfin, pas là. Il doit y en avoir dans des dossiers de photos professionnelles.

— Rien dans ce dossier là ? Tu me montres ?

— Non, rien là… Je n'en ai pas envie, d'accord ?

— Il est beau ?

— Avec les lunettes de l'amour, c'était le plus beau du monde à mes yeux.

— Et sans les lunettes ?

— Je ne l'ai pas revu, je ne sais pas. Il faudrait que je puisse le voir, ainsi je saurais déjà si j'ai toujours les lunettes ou non.

— Tu crois que tu vas le revoir ?

— J'aurais bien aimé. Mais… bon ! Tonia ne désire pas poursuivre cette conversation, alors elle oriente leur échange sur autre chose.

— Tu as faim ?

— Oui, on mange quoi ?

Cette phrase hérisse le poil de Tonia, ce que la petite remarque.

— Qu'est-ce que t'as ?

— Cette phrase m'énerve. Je l'ai entendue pendant près de vingt ans tous les soirs. Et ce *on,* tu sais, évite de le dire, ok ? D'ailleurs tu ne le diras pas.

— Bon, ben… j'dis quoi alors ? demande-t-elle mi-énervée, mi-étonnée par cette réaction.

— Puis-je t'aider pour faire le déjeuner ? J'ai un peu faim, par exemple.

— Chouette ! Je vais t'aider alors !

Toutes deux dans la cuisine, la petite se met à la confection d'un gâteau au yaourt et Tonia, du plat de résistance.

— En fait, c'est génial de cuisiner ensemble !

— Tout est génial quand tu peux le partager avec un autre. Et du coup, cela a meilleur goût.

Comme ce début septembre est généreux en soleil, elles profitent à nouveau de la terrasse.

— J'ai vu la photo de maman sur ton étagère. C'est celle qui est à côté du lit de pépé ?

— Oui, nous l'avons fait refaire. Nous avons tous les quatre cette photo. C'est la seule où elle soit bien parmi le peu de photos qu'il reste d'elle.

— Oui, elle est belle sur cette photo.

— Elle a seize ans.

— Ah ! On dirait qu'elle a plus quand même.

— C'est parce qu'elle est en noir et blanc et qu'elle prend la pause, je pense.

— Tu as gardé des trucs de la maison ?

— Non. Tata a juste récupéré son sac et ses bijoux. Ton frère a son alliance, toi sa bague de fiançailles, tu la connais je crois, c'est celle qu'elle a toujours au doigt. Puis, un collier, un très beau collier de famille, ancien. Je l'ai fait réparer en 2017. Je l'avais mis dans un coin et lorsque j'ai divorcé et déménagé, il a réapparu. Alors, je l'ai fait réparer pour le porter lors d'un moment très spécial avec mon amoureux. Une bêtise de plus dictée par des croyances.

Tonia va le chercher pour le lui montrer.

— Oh ! On dirait un collier de princesse ! Il est beau. J'l'ai jamais vu. Tu vas les donner à qui après ? T'as pas d'fille.

— Il était cassé. Oui, je sais. J'ai une idée, j'ai des nièces. J'verrai ça plus tard.

— Et mon compas ?

— Celui dans la niche secrète de ton bureau ? Celui dont papa t'a fait cadeau, dans un bel écrin noir ?

— Oui ! C'est pour que j'sois bonne en maths et en géométrie, il m'a offert le sien.

— Ben, ton papa a fait une niche secrète à ton bureau. Alors, personne n'a pu le prendre puisqu'elle était secrète ! Seule toi et ton papa le savaient, non ?

— Ah, oui, alors je l'ai plus… dit-elle tristement.

— Ben non, mais tu en auras pleins d'autres, plus modernes.

— J'm'en fiche, c'est celui-là qu'je veux.

— Évite de t'attacher aux choses, ok ?

— Alors quoi ? Il ne faut pas s'attacher aux choses, pas aux gens, à rien dans ton monde ! Il est pourri !

Tonia baisse la tête. Que répondre à ça ? La petite brise ce silence inconfortable pour elle.

— Comme dans ma maison, c'est pourri !

Puis elle se reprend en calmant le ton de cet éclat soudain.

— J'vais plus voir ni papa, ni maman, ce ne sont pas des choses, eux. Ni ma chambre, ni mon compas, ni mon chien, ni mes sœurs et mon frère, ni mes copains, ni…

— Si, tu seras toujours avec ton petit frère et tu verras tes sœurs différemment mais tu les verras aussi toujours.

— C'est pourri !

— Tu auras plein d'autres copains et de copines. Ta cousine.

— C'est pourri, persiste-t-elle en colère.

— Non, tu verras. Aujourd'hui, tu ne le vois pas, plus tard tu comprendras. Finalement c'est une chance pour toi. Tu es en danger et tu l'aurais été encore plus les années passant.

— En danger ?

— Oui, l'endroit où tu vis, toute cette violence en permanence. Tout cet environnement réveille en toi de la crainte, de la colère, de la bagarre. Tu dois toujours faire attention à tout et être prête à bondir au cas où. C'est dangereux pour ta santé mentale et physique aussi. Tu es en danger.

— C'est drôle, j'pense pas ça !

— Parce que pour le moment, tu ne connais QUE ça.

— J'ai une bonne santé alors ?

Décontenancée, Tonia tente une explication.

— Physiquement ? Plutôt oui. Tu n'auras pas de coups. Mais psychologiquement, tu seras une bombe à retardement. Toutes ces années où tu as enfoui au fond de toi tes traumatismes pour pouvoir vivre et avancer dans ta vie, vont resurgir et éclater à partir de 2015. Un futur avec un retour vers le passé dû aux divers évènements successifs et aux aléas de l'environnement dans lequel tu as vécu jusque-là. Tu n'as pas pansé certaines blessures liées à l'attachement. Alors, ces liens coupés brutalement sont en grande partie liés à la souffrance psychologique des années noires que je, tu viens de traverser. Je ne le vois pas encore, sans doute, mais peut-être dirai-je demain que c'est une chance d'avoir traversé tout ça. Mais pas aujourd'hui, pas encore, c'est vrai. Pour le moment je pense avoir fait l'erreur de croire en l'amour.

— Ça existe ! Sinon, c'est pas possible. Tu peux pas aimer personne et il y a bien des gens qui t'aiment aussi !

— Oui, il y a différents types d'amour selon moi. Certains disent le contraire, et pourtant… Ils pensent que nous sommes tous amis avec la même intensité sentimentale ! Cuicui les p'tits oiseaux… Pour moi, c'est distinct, il y a l'amour familial, l'amour amical ou copain-copain, et puis l'amoureux aimant. Celui dont le cœur bat au même rythme que le tien. Je croyais en ça. Ce sont des liens d'attachement différents. Des liens tissés avec le temps selon la personne et son importance pour toi. Plus les liens sont forts plus il est difficile d'accepter qu'ils soient coupés. Les coupures, surtout celles qui sont profondes, blessent, saignent et font horriblement mal. C'est un deuil à faire. Quelque chose ou quelqu'un meurt. Si c'est toi qui le décides, c'est plus facile, quoique… pas toujours. Parfois, il est nécessaire de le faire, couper un lien toxique, c'est-à-dire un lien qui fait plus de mal que de bien par exemple, même si tu aimes très fort la personne.

— Maman et papa, c'est un lien toxique, conclut la petite.

— Oui, sans doute. Et puis, comme je te l'ai dit, la place des femmes dans les sociétés a beaucoup évolué. Elles travaillent, elles sont plus indépendantes, revendiquent leurs droits d'être humain… Il reste malheureusement encore du chemin à faire : tant qu'un homme ou, un comble, une femme dira qu'une femme n'a pas su tenir ou garder son mari et qu'elle doit se remettre en question s'il la tape, la trompe etc., eh bien, il restera encore du travail pour qu'évoluent les mentalités. Tu vois, aujourd'hui encore, un homme peut se comporter très mal et être considéré comme ayant un comportement normal. Certains penseront même que ses agissements sont de la faute de sa conjointe. En revanche, une femme qui se comporte de la même manière c'est une salope, une vraie salope ! Elles sont incriminées : qu'elles restent à leur place et se taisent enfin !

— C'est pas juste. Maman, elle fait ça, elle reste à sa place et se tait ? C'est ça ?

— Non, ce n'est pas juste. Mais la vie n'est pas juste. Il ne s'agit pas de retourner les situations et de faire payer aux hommes des siècles d'asservissement féminin, mais de trouver l'équilibre. Tu feras partie de celles qui cherchent cet équilibre. Mais les hommes sont assez lâches et pensent perdre une forme de tranquillité et de confort dans cette nouvelle situation. Ils doivent, dans ce processus, faire aussi un travail collectif sur leur rapport aux femmes. C'est difficile et il subsiste encore des femmes bien casées qui demeurent dans le déni pour conserver, elles aussi, un confort et une sécurité. Mais certaines, plus courageuses, humiliées avec les années, finissent par partir… les salopes !

— Oh ! Tu as dit des gros mots ! T'as pas l'droit, si pap… il n'est pas ici, ouf ! Humm… j'suis pas sûre, là, de vouloir vivre tout ça. Mais pourquoi maman ne demande-t-elle plus d'aide ?

— Elle l'a fait auprès de ton grand-père, nous en avons déjà parlé. Et auprès de la maman de ton papa aussi, pour qu'elle discute avec lui et l'aide à entendre raison et se fasse soigner. Ta grand-mère, *Nonna*, lui a répondu *qu'une claque n'avait jamais tué personne*.

— Oh ! Elle était tapée aussi alors ! Elle réfléchit, déduit et enchaîne.

— Alors, c'est normal pour papa ?

— Ben faut croire ! Avec la bénédiction de sa mère en prime.

Tonia n'ajoutera rien à cela, mais oui une claque tue parfois ! La preuve. Elle reprend pour conclure.

— Garde une seule chose en tête : sois juste et loyale envers toi-même. Ainsi, tu le seras avec les autres, même si les autres ne le seront pas forcément avec toi. Tu trouveras cela injuste et cela te mettra en colère. Mais en fin de compte, ton reflet dans la glace restera intact. Laisse aussi la place à la deuxième chance. Nous pouvons nous tromper parfois. Le tout est de le comprendre. Nous apprenons d'un échec. Il faut laisser une seconde chance.

— Tu le fais ?

— Oui, même si c'est dur parfois et même si en retour, toi tu n'auras pas souvent cette seconde chance. Pas juste, hein ?

— J'veux rester dans ma maison.

La petite dit ces mots avec les larmes aux yeux.

— Tu es en danger.

— Si maman part, j'ne le serai plus ?

— Ce n'est pas la bonne époque. Y en a-t-il une de toute façon ? Puis, honnêtement, elle n'a pas le courage, elle ne partira pas.

Personne ne lui tend la main ou elle le refuse maintenant... Quelqu'un s'est-il préoccupé de vous ? À l'école par exemple ?

— Non, personne ne sait de toute façon, répond-elle tristement.

— Si, ils savent. C'est de la non-assistance à enfance en danger. Des autruches ! Maman a porté plainte parfois. Elle s'est cachée avec vous dans la voiture la nuit, il me semble.

— Ah oui ! Une fois on a dormi dans une prison aussi, les policiers ont laissé la porte ouverte et c'est vrai, une autre fois on a dormi dans la voiture. C'était dur tous les cinq et il faisait très froid.

— Voilà ! En danger. Par contre papa, lui, est resté tranquille dans son lit à cuver ! Heureusement cela aussi évolue, maintenant, normalement lors d'une plainte c'est l'homme qui passe la nuit dehors ou au poste. D'ailleurs, tu l'as déjà été plusieurs fois en danger.

La petite baisse la tête.

— Maman est plus en danger que moi.

— Elle est l'adulte, ton papa aussi. C'est à eux de trouver les moyens de protéger leurs enfants. À eux et à la société. L'inconvénient, et c'est bien le problème, c'est que personne ne pense que toi, tes sœurs et ton frère êtes en danger aussi. Pas même toi.

— Ben, papa ne me tape pas.

— C'est vrai, et qui sait si... enfin ! Oui, c'est vrai. Mais ce que tu vois du couple de tes parents, mais pas seulement, te fera douter de l'amour, de toi. Il te tape psychologiquement. Les mots sont des coups aussi.

— Alors, tu ne veux plus aimer toi ? C'est ça ?

— Je ne peux plus, ou mal. J'ai le cœur handicapé. Ce n'est pas facile de vivre avec un handicap. Tu vois, avec toutes ces années, j'avais l'espoir de tomber vraiment amoureuse. Une belle histoire magique, authentique, des étoiles plein les yeux et des papillons dans le ventre. Un autre, avec qui je partagerais tout, sans triche, sans complexes pour toute la vie. Je pensais l'avoir trouvé, c'était possible ! Finalement cela existait. J'avais tort, j'ai tout donné à la mauvaise personne avec une trop grande confiance. Je me suis trompée. Je ne l'ai pas vu… trop sûre de moi, probablement, l'ego, les, mes croyances ? Manifestement, pour lui, ce n'était pas la même chose. Il m'a pourtant fait croire le contraire. Mais la réalité, c'est qu'il m'a tourné le dos sans jamais m'apporter la moindre explication ou aide. D'où ma souffrance. *L'espoir nous fait patienter sur le palier du bonheur. Obtenons ce que nous espérons, et nous entrons dans l'antichambre du malheur* Pour moi cette phrase, tirée du livre *L'Anomalie,* est vraiment juste. L'espoir est une illusion. Il conduit au malheur. Il est toujours plus idéalisé que la réalité. Mais connaître le malheur te donne une nouvelle joie de vivre et te fait aimer encore la vie même si elle ne t'aime pas. La vie n'est pas facile. Il te faut la rendre aussi douce que possible.

— Ben moi, j'espère toujours que papa et maman vont être bien, et que papa arrête de taper maman. S'ils sont amoureux alors, ils vont rester ensemble ?

— Espoir ! Illusion. Écoute, cela n'arrivera pas, c'est une certitude. Je l'ai vécu, alors l'expérience est de mon côté. Ne crois pas cela, même si tu le souhaites très fort, ça ne changera rien.

— Mais toi, tu dois encore essayer. Tu dois trouver un amoureux.

— Si tu veux. Avoir un amoureux me paraît impossible aujourd'hui. Il ne me reste pas assez de temps pour ça. Ce genre de handicap peut empêcher d'être en couple pour le restant de sa vie. J'en connais, des hommes ou des femmes, aux vies brisées. Heureusement pour moi, cela est arrivé tard. Tomber vraiment amoureuse, cela n'arrive qu'une fois, voire pas du tout. Alors, plus ? C'est une vraie chance. À la fin d'une vie, chacun se souvient de l'homme ou de la femme qui l'aura le plus marqué. Souvent c'est une personne rencontrée dans l'adolescence. Moi, je l'ai rencontrée à quarante-sept ans. Alors le temps n'est pas de mon côté, pour refaire une vie à deux. Je ne veux pas la faire au rabais, juste pour le confort et la sécurité. Je manque de confiance en moi, envers les autres. Tant pis.

— Moi j'pense que tu vas l'avoir la deuxième chance, tu le mérites.

— Tu parles, le mérite ! Laisse tomber. Des médailles dans les chiottes !

— Ah, c'est ça qui est accroché dans les toilettes ? Les diplômes et les médailles ?

— Oui, le mérite ! Et puis… c'est plus original de les mettre à cet endroit plutôt que sur des étagères d'une bibliothèque. Au moins, tout le monde peut les voir. (Elle sourit malicieusement). Allez, nous partons vers les lacs, ok ?

— Nan ! S't'plaît ! Encore un jour, s't'plaît !

Tonia prend la petite dans ses bras et la serre très fort contre elle.

— D'accord. Je t'emmène demain grimper aux arbres, faire de l'accrobranche à Fontainebleau. Ça te va ?

— C'est quoi ?

— Tu verras. Nous ferons un petit pique-nique dans un endroit très sympathique.

Tonia capitule puisqu'elle aussi, elle se l'avoue sincèrement, apprécie ce temps improbable et absurde passé avec la petite fille qu'elle était jadis et dont elle avait oublié l'existence. Elle veut profiter au maximum de cette chance offerte par la suspension dans le temps ! L'enfant la ramène à leur réalité.

— Bon d'accord, j'verrai bien. Ce qui compte là tout de suite, c'est qu'je reste là !

Elle finit son propos, en y mettant les formes, pour se moquer de Tonia. Elle y ajoute une attitude et un air pincé en prime.

— Très chère moi… vieille, euh… adulte, acceptes-tu que NOUS allions NOUS balader à un endroit encore non visité et qu'ensuite

NOUS partageons un dîner dans un restaurant de ton… de notre choix avant de profiter d'un dernier plouf dans le jacuzzi, et d'enfin aller NOUS coucher pour finir cette journée ?

— Bel effort, bravo ! Très bien. Je te propose une petite traversée dans un parc et de marcher ensuite sur les bords de l'Orge. Ok ?

5

Désintoxe

La petite est enchantée par cette proposition. Arrivées à pied dans le parc qu'elles traversent, elles aperçoivent un couple de mariés avec leurs invités. Ils se font prendre en photo en cette fin d'après-midi. Ils prennent la pause devant le château, sur les petits ponts de bois sous lesquels coule l'Orge. Admirative, la petite regarde la mariée. Tonia le remarque.

— Que t-arrive-t-il ? Tu n'as jamais vu de mariées ?

— … Euh… non ! Qu'elle est belle ! Elle a une robe de princesse. Waouh !

— Humm. Oui, sa robe est banale.

— N'importe quoi ! Elle est très jolie. Dis, et toi au fait, tu avais une belle robe ?

— Oui. Mais pas comme celle-là. Tu vas être déçue, les robes de princesse ne te vont pas du tout !

La petite la regarde, étonnée.

— Ah bon ! Tu as mis un pantalon alors ?

Tonia éclate de rire à cette idée qui ne lui aurais jamais effleuré l'esprit.

— Non, mais pas une robe comme ça. Une longue, originale, pas commune. Ne t'inquiète pas, de l'avis de tous, tu étais très belle ce jour-là. D'ailleurs, j'ai une question pour toi : c'est la robe qui rend belle la femme, ou c'est la femme qui rend belle la robe ?

— J'en sais rien. Les deux ? Tu es bizarre des fois !

— Allez, viens. J'ai un peu faim. Regarde il y a une pizzeria là-bas.

La petite attrape la main de Tonia pour se rendre au restaurant.

— J'suis comme ta fille là !

— Ah non, tu es moi petite, pas ma fille.

Assises l'une en face de l'autre à la table du restaurant, elles choisissent un plat de pâtes et une pizza, et elles font moitié-moitié. En revanche, impossible de le faire pour le dessert. Elles prennent toutes les deux la même coupe de glaces, évidemment. Elles rentrent rassasiées au rythme du soleil qui se couche doucement, laissant derrière lui un ciel aux couleurs chaudes. La petite s'exclame.

— C'est beau ! On n'a pas ça à Trappes. C'est tout gris. Des bâtiments très hauts partout. Là où j'ai habité avant, nous étions au onzième étage et il y en avait douze. Quand l'ascenseur ne marchait pas, et ça arrivait souvent, c'était du sport !

— Les grands bâtiments dont tu parles et où tu as habité vont être détruits. Tu as raison, c'est glauque et très moche. Là où tu es maintenant, c'est un peu mieux quand même.

Tonia ouvre sa porte. Elles ont, mine de rien, marché près de treize kilomètres.

— Nous oublions le jacuzzi ? Douche et dodo.

La petite ne se fait pas prier. Elle file sous la douche, se brosse les dents et s'engouffre dans le lit sans même demander une histoire. Elle dort déjà ! Tonia la regarde. Elle est dans les bras de Morphée, qui l'a emmenée au pays des rêves. Cette fois, elle ne craint pas son départ inopiné. Elle est convaincue de la revoir le lendemain.

Elles se lèvent tard. Devant son bol Astérix plein de chocolat au lait, la petite est déjà tout excitée. Ses batteries sont bien rechargées ! Comme elle ne tient déjà plus en place, Tonia lui commande :

— Mets un pantalon, un sweat et des baskets. Je m'habille aussi, je prépare le pique-nique et nous partons.

La petite file dans la chambre à la recherche des vêtements. Elle saute partout. Elle se calme enfin une fois dans la voiture. Avant de rejoindre la forêt de Fontainebleau où se trouve l'accrobranche, Tonia emmène la petite près d'un lac niché dans un petit bois, au fond d'un grand champ de blé pour le pique-nique. L'enfant est ravie d'être en cet endroit joli et isolé, en tête-à-tête avec son futur incarné par l'adulte qui l'accompagne. Joyeuses, elles s'assoient toutes les deux sur la couverture tendue, afin de déjeuner tranquillement et confortablement. La petite entame la conversation par une question qui la turlupine depuis un moment.

— Tu ne bois pas de vin à table ?

— Quoi, du vin ? Non. Je n'aime pas ça de toute façon. Non, je bois du Château la pompe, grand cru 2021 des Fées libres ! Pourquoi cette question ?

— Ben… tu le sais bien. Papa boit toujours du vin à table et plein d'autres alcools aussi.

— Ah oui, c'est vrai, et maman aussi, d'ailleurs…

— Non, pas maman ! rétorque-t-elle, sûre d'elle.

— Eh si, mais tu ne veux pas le voir. Tu es dans le déni.

— Maman ne boit pas. Par contre papa, beaucoup ! Il dit que c'est bon pour la santé de boire du vin. Depuis mes sept ans, il m'en sert un demi-verre tous les dimanches. J'me force ! J'aime pas ça du tout, ajoute-t-elle en avalant un grand verre d'eau.

— Cela est le cas encore aujourd'hui. Vois-tu, l'alcool n'est pas ton copain, je te le confirme. Tu n'aimes pas le goût et surtout pas celui du vin rouge. Puis, accessoirement, il est la cause de tellement de maladies et de morts. Mais c'est aussi une économie taxée qui génère beaucoup d'argent et qui est également considérée comme un art. L'art viticole. Les plats des grands restaurants étoilés sont toujours suggérés avec un grand vin... Cet art produit des spécialistes de l'œnologie.

— Alors, c'est bien ?

— Oui, si tu l'envisages par le biais historique, culturel et artistique. Non, si tu considères les dégâts qu'il cause. Le vin est un alcool. En boire tous les jours, c'est être alcoolique. C'est une addiction, une dépendance à une substance. L'alcool altère les sens. Tu perds le contrôle, tu te perds. Et là, tu deviens soit violente, soit déprimée, soit idiote... Tu deviens dangereuse pour toi et pour les autres.

— Maman n'est pas dangereuse donc j'ai raison, elle ne boit pas !

— Si, pour elle cela doit être un anesthésiant. Pour ne plus réfléchir, pour ne plus rien ressentir... Son esprit part ailleurs.

— Ah, je comprends, quand il n'y a plus rien dans ses yeux.

— C'est ça... plus rien ! répond Tonia avec tristesse.

— Tu connais des gens qui boivent ?

— Ceux autour de moi boivent pour faire la fête principalement. Dans ce cas, tu es souvent la capitaine de soirée ! Le Sam. C'est toi qui fais en sorte que tout le monde rentre sain et sauf. Tu prends le volant pour éviter les accidents stupides. L'alcool te poursuivra et te rattrapera. C'est la principale raison de ton divorce. Est-ce un hasard ? Pour toi, c'est un combat. Donc, tu t'obliges aussi à l'exemplarité. Elle est facile puisque de toute façon ton palais n'apprécie pas ces nectars ! dit-elle amusée pour détendre l'atmosphère.

La petite fait une moue en croquant dans son sandwich qu'elle avale ainsi que les dernières paroles prononcées par Tonia. Puis, plus joyeuse, elle lui demande :

— Dis, c'est quoi le jour le plus beau de ta vie ?

Tonia ne s'attendait pas à cette question.

— Ben euh… il y en a plusieurs.

— Oui, mais le plus, plus, beau… Alors ? Le numéro un !

— C'est difficile… Chez tata, j'ai de très bons souvenirs familiaux. Ma rencontre avec mon mari. Mon mariage, une très belle fête. La naissance de mon fils, une libération joyeuse de le tenir dans mes bras et plein de moments géniaux avec lui, d'autres aussi avec son père. Quand j'ai réussi le concours à l'Institut. Quand j'ai obtenu le Cristal, une très grande satisfaction. Quand j'ai été distinguée Chevalier, une grande fierté. Avec Conrad, sur les marches du Panthéon, le jour où nous sommes allés dans un hammam et plein d'autres jolis moments romantiques, tendres et sensuels avec lui… Avec Titi lors de nos périples, quand nous rions beaucoup toutes les deux et avec mes amies, les potines. Et encore plein d'autres événements, avec Lna, ta cousine et ton petit frère… Et toi ?

Elle baisse la tête, pose son sandwich et gesticule, exaspérée.

— J'sais pas. J'crois pas en avoir. J'suis jamais tranquille. Alors même quand ça pourrait être bien, ben… y a toujours un truc et c'est gâché.

Tonia prend la petite et la serre dans ses bras. Effectivement, elle n'a toujours pas de bons souvenirs ou de grandes joies de cette époque, juste des sensations. Faire attention à tout, tout le temps, à ce qu'elle dit, à ce qu'elle fait, à ses petites sœurs, aux pleurs de son petit frère… Une charge mentale trop lourde pour une petite fille. C'est ça le truc qui gâche, la pression violente et terrorisante de l'autorité abusive d'un homme, décuplée par l'alcool. Son père est l'épée de Damoclès qu'elle a en permanence au-dessus de la tête. La tristesse et la résilience, la résignation, l'abandon qu'elle ressent de l'attitude de sa mère forment sa culpabilité. Pas étonnant qu'elle ait oublié tout cela pendant des années. Puis, la petite se soustrait des bras de Tonia et la questionne à nouveau.

— J'ai peur de retourner dans ma maison, en vrai… souvent…

— Je sais. Mais tu es courageuse. Tu vas affronter ta peur. Lui tordre le cou ! Tu vas y arriver.

Tonia mime la torsion d'un cou imaginaire. La petite baisse à nouveau la tête et soupire. Puis, en mangeant une banane, debout les jambes écartées, elle regarde Tonia de haut et commande :

— Allez, hop ! C'est pas l'tout ! Mais il faut qu'j'aille grimper aux arbres, moi, maintenant.

Vu les circonstances, Tonia ne peut s'empêcher d'ajouter :

— Oui ! Tu as déjà la banane dans la bouche, Cheeta !

— C'est qui ça, Cheeta ?

— Une chimpanzé dans un film !

6

Sans accrocs

La petite est de nouveau tout excitée. Elle a cette faculté de toujours rebondir. Cette joie de vivre naturelle lui permet de passer aisément à autre chose. Faut-il encore que la vie lui offre cette autre chose. Comme c'est rare, elle apprendra à provoquer ces occasions.

Dans la voiture elle se met devant, bien attachée. Elle appuie sur l'autoradio pour mettre un fond de musique. Tonia enregistre la destination sur le GPS de son téléphone portable, ce qui amuse encore beaucoup la petite.

Arrivée dans les bois, elle comprend vite en quoi consiste l'accrobranche. Tonia lui tait délibérément son vertige. Elle n'en a normalement pas conscience. Peut-être ne l'a-t-elle d'ailleurs pas encore ?

Elles s'équipent en riant. Les mousquetons, les cordes… un casse-tête. Puis elles courent vers le premier parcours, le plus simple, pour s'initier. Tout se passe bien. La petite est agile et le parcours n'est pas très haut. Le pont de singe et les étriers l'amusent beaucoup.

— C'est facile ! C'est chouette ! On fait l'autre ?

— Nous ! Oui, nous montons plus haut. Facile ? Hum…

La petite commence à monter à la première échelle, elle monte, monte et aux trois quarts s'arrête net, tétanisée. Tonia est derrière et non surprise, elle lui propose très simplement,

— Veux-tu descendre ?

Elle ne répond pas, accrochée de toutes ses forces aux barreaux de l'échelle, elle ne peut plus bouger, ni même parler, trop paniquée. Tonia poursuit très calmement,

— Écoute-moi. Regarde vers le haut, ne regarde pas en bas.

La petite écoute et lève la tête.

— Respire et souffle profondément, comme moi.

Elle s'exécute. Tonia constate que ses muscles se détendent peu à peu.

— Surtout ne regarde pas en bas. Regarde devant toi ou en l'air. Tu ne risques rien. Tu es attachée. Et je suis juste un barreau en-dessous du tien. Mes bras sont à la hauteur de ta taille. Respire.

— J'ai failli tomber dans le vide, j'étais dans le vide… dit-elle en bégayant.

— Non, tu n'y étais pas. C'est une sensation de vertige. Si tu veux, je t'aide et nous redescendons. Nous ferons le petit parcours plusieurs fois.

Elle ne répond pas de suite. Puis, comme Tonia s'y attendait :

— Non, j'veux l'faire.

— Le but est de s'amuser et de prendre du plaisir. Si ce n'est pas le cas, nous descendons. Ce n'est pas grave.

— J'veux y arriver.

Tonia la guide jusqu'en haut, positionnée à chaque barreau bien derrière elle. Arrivée sur la plateforme la petite, dos à l'arbre, se laisse glisser pour s'asseoir loin du vide. Elle dévisage Tonia, reprend son souffle et s'exclame, étonnée :

— Tu es moi, pourquoi tu n'as pas le vertige ?

— Si, je l'ai encore mais beaucoup moins, à force d'expériences diverses, grâce en partie à mon ex-mari d'ailleurs, je l'ai apprivoisé.

— Tant mieux ! J'suis trop contente, j'suis sur la plateforme.

— Nous continuons, le pont-là ? Tu es sûre ?

— Oui, le plaisir c'est d'y arriver !

Eh oui ! Tonia prend du plaisir en se surpassant, en prenant des risques, en transformant ses peurs en courage. Parfois c'est dur, mais le plaisir s'en trouve décuplé. L'inconvénient, ce sont les limites de plus en plus lointaines, les risques de plus en plus grands et l'exigence envers elle aussi et parfois envers les autres. Elle se bat. Avoir son diplôme d'amour demande beaucoup de courage, c'est là sa seule peur aujourd'hui. Lâcher les chevaux : il lui manque cette ultime épreuve pour obtenir ce diplôme, et ainsi se donner cette seconde chance d'aimer et d'être aimée avec authenticité et sans médiocrité.

La petite s'est lancée sur le pont. Au milieu, elle se met à quatre pattes pour continuer et se relève pour finir. Elle est concentrée. Chaque obstacle passé est une victoire. Son handicap est sa victoire : vaincre le vertige et bien vivre avec. Elle saute en l'air sur la parcelle.

— J'ai réussi ! J'ai réussi ! Waouh ! J'suis passée.

Chaque étape est une épreuve plus ou moins difficile physiquement mais le plus dur est de devoir dominer son appréhension du vide. Elle passe. Le parcours est long. Tonia, malgré son âge, est plus habile. Elle traverse sans difficultés entre les arbres et les ateliers. Sa joie est de voir comment la petite se surpasse. Elle y met toute sa hargne, tout son cœur, à 200%. Devant l'atelier du saut de Tarzan, elle s'arrête net.

— Ah là, là j'peux pô !

— Nous ne pouvons pas faire demi-tour. Alors, soit nous descendons ici, soit…

— Je réfléchis, coupe-t-elle. Tu passes devant ? D'accord ?

Tonia sourit. Évidemment, si elle le fait, la petite le pourra aussi. Elle attrape la corde et se lance en imitant le cri de Tarzan.

— Ok ! AHHAHHHAHHHHA…

Elle arrive un peu trop bas et doit grimper comme une araignée dans le filet de cordes pour atteindre la passerelle.

— J'dois crier aussi ? s'étonne la gamine.

— Comme tu veux, Jane !

— C'est qui ça Jane ?

— Allez saute, je te raconte après.

— À la une, à la deux, z'à la trois…

Et rien : la petite n'a pas sauté. Elle a reculé d'un pas en arrière.

— Ben alors ? Tu sautes ? Je ne peux pas venir à toi, là.

Elle souffle, soupire, reprend son petit courage à deux mains, vérifie les fixations de la corde et du reste, pour être sûre. Elle regarde en bas puis relève la tête vers le filet… et à nouveau le pied gauche devant, prête au grand saut, elle s'écrie :

— À la une, à la deux, z'à la trois…

Et hop elle se lance, les yeux et la bouche fermée, les bras et les jambes crispées sur la corde. Plus de son. Tonia craint l'atterrissage dans le filet. À dix centimètres de l'arrivée, elle entend un *pop* claquant. La corde s'emmêle dans le filet sans la petite… Elle a disparu.

Instinctivement, elle regarde en bas, avant de comprendre. Non, elle ne s'est pas écrasée au sol, elle est partie comme elle est venue… subitement !

Seule, sur la passerelle, la première idée qui lui vient en tête est *je ne peux plus lui dire qui sont Tarzan et Jane, les amoureux de la jungle !* Quelle idée ! Elle finit le parcours rapidement, machinalement. Elle n'en a plus envie. Ce n'est plus drôle. Elle rend l'équipement. Comme elle est toujours dans la suspension dans le temps, personne ne lui demande rien d'autre. Comme si cette situation était normale. Dépitée, elle monte dans sa voiture et appuie sur l'autoradio, programme son GPS sur domicile.

7

L'egg

Dans son appartement, en fin d'après-midi, elle tourne en rond. Le syndrome du nid vide. Elle ouvre le réfrigérateur, le referme. La petite lui manque déjà. Elle(s) se manque(nt) déjà. Alors, elle écoute son intuition, sa petite voix. Tonia range et prépare un sac pour la petite, comme si elle était encore là, prête à partir avec elle. Elle prend la petite boîte à trous, en souriant. Elle hésite, et finalement la repose. Elle n'est pas de son temps. Puis, elle sort avec le sac préparé, monte dans sa voiture pour rejoindre les lacs. Arrivée sur les rives, elle s'assoit sur un banc face à l'étendue d'eau où se trouvent encore des cygnes et divers oiseaux avant leurs migrations. L'étendue d'eau scintille sous le soleil couchant. Elle inspire profondément en posant le sac sur le banc à côté d'elle, au cas où… quand elle entend une petite voix lointaine.

— C'est beau ici.

Elle répond, sans assurance, à voix haute :

— Oui. J'aime beaucoup cet endroit.

Puis elle tourne la tête sur sa droite. Devant-elle, la petite se matérialise tout doucement, pas complètement encore, elle est floue.

— Je suis déjà repartie, c'est ça ?

— Oui. Mais prends ton temps. Je t'entends bien, je te distingue aussi.

— Je suis partie trop vite, j'ai raté le filet ! J'ai l'droit de te dire au revoir, j'ai d'mandé à la suspension.

— C'est vrai… trop vite, j'ai cru que tu avais chuté, répond Tonia abasourdie.

— C'est bientôt, bientôt ? Hein ?

— Oui. Mais tu ne veux pas savoir.

— Non, enfin oui, euh non, je ne sais pas… finit-elle en prenant une grande inspiration. Son sourire mélancolique aux lèvres, Tonia pose sa main sur celle de la petite encore décorporé.

— Cela arrivera de toute façon, bien trop tôt.

— Je suis triste. Une fois chez tata, nous ne nous reverrons plus, je crois. C'est bien ça ?

— Oui, nous ne nous reverrons plus. Tu vas tout oublier. Mais j'ai confiance. Au fond de toi, tu auras des traces de nos rencontres, des petits garde-fous. Puis, tu es toujours au fond de moi. Tu fais partie de moi, alors…

— Ah oui… c'est bizarre quand même.

— C'est magique ! Abracadabra !

Tonia attrape la petite tout à fait matérialisée maintenant et la chatouille en bas du ventre. Elle éclate de rire.

— Arrête ! Je suis trop beaucoup chatouilleuse.

— Ben je sais ! Tonia rit aussi.

— Même pas drôle ! Bon, il faut vraiment nous dire au revoir, je vais rappeler la suspension alors. Tu me promets de passer ton diplôme d'amour ? Hein ? Tu promets ? Jure que tu l'passes.

— Je te promets de tout faire pour. J'en ai envie c'est déjà ça. Et toi tu me promets de dire *je t'aime* à maman et d'être en paix avec papa ?

— Je te promets d'essayer. Je n'ai pas beaucoup d'temps ?

— Oui, pas beaucoup. Très très peu en réalité.

— Je vais le faire, je te promets d'essayer en tout cas.

Tonia sait qu'elle ne le fera pas. Et c'est normal, jamais un enfant n'est préparé à ce que son papa tue sa maman !

La petite serre les poings comme si c'était une dernière mission à faire auprès de ses parents et répète avec un large sourire déterminé.

— Je vais l'faire. J'espère m'souvenir un peu et pas tout oublier de nous deux. Et toi tu passes ton diplôme d'amour, dit-elle de façon autoritaire, avec un large sourire.

Tonia l'écoute, lui rend son sourire et se concentre sur la petite dont l'image pâlit à nouveau et dont la voix furtive disparaît peu à peu. Quand soudain, elle se rappelle :

— Attends, tu pars sans ton sac !

Trop tard, elle a complètement disparu. Sur le banc, de nouveau seule, elle ouvre le sac. S'y trouvent les billes, les souvenirs du parc d'attraction, les vêtements, les bonbons, les boîtes de chocolats et deux livres, l'un acheté à la première venue de la petite, *Le Petit Prince* d'Antoine de Saint-Exupéry, l'autre provenant de sa bibliothèque, *Le retour du Petit Prince* d'Alejandro G. Roemmers, que Tonia n'a pas eu le temps de lui lire. Machinalement, elle le referme, le soulève, puis le pose à nouveau.

Le contenu fera peut-être la joie d'une autre petite fille. Une petite fille curieuse. Ou pourquoi pas d'un petit garçon. Alors, elle le laisse sur le banc puis quitte la rive d'un des lacs du sud de l'Essonne. Ces lacs où tout a commencé.

En arrivant chez elle, tardivement, elle revêt son maillot de bain, se plonge dans le jacuzzi où elle se laisse aller à l'écoute de son cœur. Bientôt, elle sera orpheline. Elle devra vivre sans l'amour d'une mère, mais en a-t-elle eu seulement un jour ? Elle devra vivre sans… sans l'amour d'un père aussi. Cet homme qu'elle va détester le plus au monde. Elle va le haïr pendant longtemps, puis ne plus rien ressentir à son égard. Elle ne les reverra jamais, ici-bas, ni l'un ni l'autre. Mais ils lui auront légué cette histoire, un cri d'amour et un vent de liberté pour les générations futures.

Qui est Tonia ?

David Encaoua

Quel pouvoir les évènements traumatiques de l'enfance ont-ils sur l'inconscient ? Comment la force de résilience parvient-elle à s'en accommoder en les incorporant dans son être présent et dans son histoire ? C'est à ces deux questions que cherche à répondre le récit de Tonia, non pas de manière abstraite comme le ferait un ouvrage de psychologie, mais plutôt par un examen méticuleux de son quotidien, doublé de la distance nécessaire pour en rendre compte. Pour y parvenir, Tonia se dédouble : elle est à la fois elle-même, parvenue aujourd'hui à la cinquantaine, et la petite fille qu'elle a été à huit ans. Ce qui permet une double perspective, une rencontre de soi avec un autre soi-même, celui de son enfance.

Le résultat est saisissant : un récit haletant qu'on lit d'un trait. Il ne comporte ni secret enfoui à jamais qui exercerait un effet souterrain dont on ne veut rien connaître, ni une révélation soudaine qui livrerait la clé de ce qu'on est devenu. Non, il s'agit plutôt d'une espèce d'auto-analyse sans complaisance mais assumant totalement ce qu'on est !

Tonia a vécu un traumatisme douloureux : celui du meurtre de sa mère par son père ! La jeune enfant qu'elle était à huit ans n'a pas encore vécu cet événement, mais elle vit au quotidien la violence de son père et la dégradation des conditions de vie qu'il impose à son épouse et à ses enfants. Ces souvenirs alimentent le récit que fait Tonia et expliquent sa détermination, d'une part à rompre définitivement avec son père, d'autre part à ne jamais vivre dans le mensonge, ni au niveau des sentiments, ni au niveau professionnel.

Est-ce aussi ce qui explique son désir éperdu d'amour, pour racheter la faute du père et réhabiliter sa mère qui n'en a pas beaucoup bénéficié ?

Toujours est-il que Tonia a fait sa vie avec des principes bien ancrés. Ni auto-complaisance, ni auto-culpabilité. À force de volonté, elle est parvenue à remonter la pente. Après divers petits boulots, elle a travaillé dans un laboratoire universitaire du CNRS où j'ai eu la chance de la recruter, détectant immédiatement son immense capacité à vouloir tout donner au service d'une communauté de chercheurs qui l'ont également immédiatement adoptée. Se retrouver dans une université face au bâtiment que la nation reconnaissante consacre à ses grands hommes et femmes a dû être pour elle un point d'attache suffisamment fort pour donner le meilleur d'elle-même. Cela s'est poursuivi après le déménagement de l'équipe dans de nouveaux locaux où, selon le mot d'un déménageur, le nouvel espace était dépourvu de vieilles pierres mais plus adéquat pour réunir une plus grande communauté de chercheurs. Les talents de Tonia se sont démultipliés et nous en avons tous grandement profité, même s'il n'en est pas fait beaucoup mention dans le récit. Je tairai moi-même tous ses accomplissements, sinon pour la remercier très chaleureusement de ses multiples contributions, dont celle de faire régner une superbe ambiance qui faisait que nous étions tous très heureux de l'avoir parmi nous. Des liens d'amitié se sont développés, au point que divers collègues ont pu partager des moments de sa vie, avec son mari et son fils, dans une maison entièrement construite de leurs mains, comme en rêvent souvent les universitaires !

Mais le happy end ne semble pas avoir été au rendez-vous. Après le divorce d'avec son mari, le désir d'un amour total ne l'a jamais quittée. Elle a vécu une liaison amoureuse très intense, mais dont on comprend à travers son récit qu'elle n'a manifestement pas été partagée. Tonia en a été profondément affectée, sans pour autant baisser les bras.

Elle a changé de milieu en s'intégrant dans un groupe professionnel, différent du milieu universitaire qu'elle avait connu jusque-là, mais dont elle a su reconnaître l'exigence et l'originalité, du fait de la personnalité du fondateur.

Mais tout cela, tout comme les médailles professionnelles que lui a accordées le CNRS, reste assez accessoire dans le récit autobiographique que Tonia nous livre. L'essentiel est ailleurs, dans l'énergie, et peut-être la nostalgie qu'elle exhale, auprès de la petite fille qu'elle était et qui n'a pas encore connu les affres de la vie.

La petite Tonia découvre peu à peu ce que près d'un demi-siècle de transformations a apporté à la société : des progrès matériels substantiels certes, mais en même temps une immense solitude, où le chacun pour soi remplace l'amour et la fraternité, fussent-ils vécus dans le plus grand dénuement.

La petite Tonia fait ainsi prendre conscience à la grande Tonia ce qui manque le plus dans sa vie, aimer et être aimée. Ce n'est pas facile à obtenir, et les moyens que la société moderne a mis en place s'avèrent soit dégradants, soit illusoires. S'abonner à un site de rencontres ou s'adonner aux magies illusoires des tarots et autres jeux de cartes, ne peut constituer une solution.

Dès lors, c'est la personnalité de Tonia qui sera son atout majeur : ne jamais perdre le désir de vérité dans le rapport à soi et dans le rapport aux autres, sans jamais renoncer non plus au bonheur d'aimer qui illumine la vie. Se retrouver seule au mitan de sa vie n'est ni une fatalité, ni un sujet de désespoir. Tant que la santé est là, et Tonia en connait un bout pour l'entretenir, et tant que l'image de soi n'est nullement dégradée, l'avenir vaut la peine d'être vécu. C'est la leçon que nous recevons de Tonia dans ce récit si dense.

La thérapie libre
Purger nos peines pour réinventer l'amour

Julia Rautenberg
https://therapie-libre.fr/

Tonia, quand nous nous sommes rencontrées, nous avons senti spontanément une attirance l'une vers l'autre et un lien invisible nous reliant malgré nous. Nous venions tout juste de divorcer et nous étions dans des relations amoureuses impossibles. Elles nous ont fait grandir, mûrir et nous ont finalement permis de sortir de nos schémas et carcans familiaux.

Te rends-tu comptes aujourd'hui, de tout ce que l'on doit à ces hommes ?

Finalement, ils nous ont juste montré ce dont nous avions à guérir : des siècles de relations de couple fondées sur des engagements sacrificiels.

Le monde a vécu, depuis plusieurs siècles, sous le joug d'injonctions religieuses où hommes et femmes avaient chacun une place bien définie et le *patriarcat* nous conditionnait à poursuivre le schéma.

Cette organisation sociale nous permettait d'avoir une unité car l'autorité religieuse nous assignait des places auxquelles nous devions adhérer devant Dieu par le mariage. Puis nous étions un couple qui accueillait des enfants formatés par cette même éducation à devenir à leur tour des pères et des mères liées par un pacte devenu diabolique et démodé. Nous n'avions aucune possibilité d'en sortir sinon en devenant coupables pour les plus aventureux. Ces engagements nous reliaient au fil des années de plus en plus par devoir et de moins en moins par amour… C'est ce qui nous a coûté ces chemins de vie chaotiques traversés par toi et moi par exemple.

L'autorité abusive dans laquelle nous avons été prises au fil des siècles a déclenché un besoin. Celui de la femme, sortir de sa soumission dans un univers où le monde était réduit à son foyer et à la dévotion à son mari et ses enfants. Elle s'y consacrait corps et âme jusqu'à en mourir parfois. Dans ce paradigme, l'homme aussi souffrait, aliéné par la responsabilité d'un foyer. Bien sûr, les enfants subissaient et répétaient le même schéma…

Ce système a conduit à la tyrannie et à la dictature des individus puisque nous n'avions pas d'autre possibilité que d'obéir à ces règles, principalement celle du pacte du mariage *pour le meilleur et pour le pire*. Pacte dans lequel il est subrepticement induite l'exécution des devoirs de manière sacrificielle, bien loin du plaisir et du bonheur auquel nous aspirons aujourd'hui. Ce schéma enfermant excluait ces fameuses sorcières dont tu parles. Ces femmes voulant se libérer, invariablement condamnées à la honte et à la culpabilité… Les Hommes s'arrogeant *le pouvoir tout puissant* de condamner, de stigmatiser et de rejeter ces femmes aux mœurs considérées comme légères par cette société structurée sur ce schéma enfermant.

Je propose aujourd'hui des soins de thérapie LIBRE dont la vocation est de mettre en évidence les mécanismes relationnels dans lesquels nous sommes enfermés et qui nous ont au fil du temps divisés. Cette méthode permet la mise en lumière de modèles psychologiques aux conditionnements toxiques dans lesquels hommes et femmes sont emprisonnés et qu'ils transmettent malgré eux à leur descendance. Il est devenu important et essentiel aujourd'hui de se délester, voire de se défaire de ces souffrances aux conditionnements limitants, de faire *la paix* dans nos cœurs et nos esprits pour avancer libre et sans blessures.

En sortant de son foyer, pour ne pas dire *de sa cuisine*, il y a environ un siècle, la femme a redistribué les cartes. Ainsi, elle nous invite à inventer de nouvelles règles pour la création de schémas de famille différents. Chacun de nous, femme et homme, doit alors expérimenter ses propres ressources pour y parvenir et trouver sa *juste* place dans son couple et la société. Je te rejoins en ce sens quand tu proposes à la petite fille que tu étais de passer du singulier au pluriel et ne pas utiliser le pronom personnel *on*. Dire *nous* à la place de *on*. Cela illustre bien le schéma familial traditionnel dans lequel le rapport fusionnel avec l'autre a conduit à des formes d'attachements toxiques. De ce fait, il n'y avait plus alors de place pour l'autre dans son individualité.

Au fil du temps, les couples ont dû se séparer violemment dans la coupure et la rupture, laissant des plaies béantes aussi bien chez les adultes que chez les enfants. C'est donc le moment de repenser le couple avec deux entités libres et distinctes qui puissent se choisir mutuellement ou se séparer respectueusement. Cela permettra aussi de rendre nos enfants plus libres et ouverts aux possibilités illimitées que nous offre cette nouvelle ère.

Vois-tu Tonia, cette prise de conscience a été évidente lors d'un deuil à l'automne 2013. Ce jour-là, je disais adieu à mon cher oncle emporté par un cancer. Sur ma playlist passait *La pluie de Jules César* de Michel Sardou. Saisie par les paroles *Il est mort aujourd'hui, il n'y a pas de quoi s'en faire… Il a toute la vie… Il retourne à la terre…* j'ai bien compris ma quête ce jour-là, une quête de sens, spirituelle aussi. Toujours chercher à comprendre la vie et les relations humaines. J'ignorais encore le long et douloureux chemin que j'entamais vers cette autre conscience. J'étais plutôt terre à terre, et la vie me chahutait, me bousculait et souvent me ravissait. Non éduquée aux signes, au divin, ayant été élevée sans que me soit transmise quelque conviction religieuse que ce soit, aujourd'hui, grâce à mon oncle, c'est autre chose que j'ai été amenée à vivre… un éveil ! Pourquoi, comment ? Nul ne le sait.

Le jour de sa mort est, je crois, le point de départ de ma perception de ce nouveau monde. Cette aventure avec toi est l'occasion de lui dire merci. Et de reprendre à mon compte ce qu'il a écrit à la fin de sa vie pour rappeler que les cultures se succèdent, meurent et renaissent. Un nouveau monde est à repenser et reconstruire, un monde à la hauteur des enjeux écologiques et humains, aujourd'hui en marche. Mon oncle est celui qui m'a donné la première clé pour conduire ma vie vers ce monde en cours d'évolution.

C'est un voyage qu'il faut accepter de faire pour cheminer vers ce monde en devenir : prendre d'abord un billet vers soi-même, ni naturel, ni commun, c'est ce que propose la thérapie LIBRE. Cette méthode nous guide dans des paysages imaginaires, là où la vie peut passer sous nos yeux comme un film, là où la créativité est sans limites pour réinventer le monde tel qu'on a envie de le rêver. Là où tout devient possible…

Oui ! Je fais rêver grand mes patients puisque je sais que dans ce nouveau monde tout est à refonder afin de transformer nos rapports avec plus d'amour…

Je suis donc fébrile et excitée à l'idée de partager mes découvertes. Cette intuition où nous devons laisser notre cœur nous guider vers d'autres perceptions, nous relier à la nature et aux autres pour quelque chose de plus magique et merveilleux.

Ces dernières années m'ont poussée au grand défi, celui de nous libérer des conditionnements sacrificiels et carcans culturels dans lesquels nous nous sommes enfermés depuis bien trop longtemps. Ils ont profondément détérioré nos relations. Ces conditionnements ont certainement eu un sens à d'autres époques mais aujourd'hui, ils sont en train de nous détruire à petit feu.

Je peux mieux comprendre alors la crise de la Covid traversée collectivement. Une crise qui nous a plongés dans les abysses pour nous convier à un changement profond de nos mentalités. J'aimerais partager et offrir les fruits de mon propre parcours à ceux qui auront à leur tour besoin d'être accompagnés dans la métamorphose demandée aujourd'hui, pressée par des évènements environnementaux.

J'ai moi-même commencé à rêver de mon évolution à la veille d'une profonde crise de vie, une crise de couple avec le père de mes quatre enfants dont la séparation est définitive. Il m'a fallu bien des signes pour comprendre que ce n'était pas qu'une crise de couple mais bien la vie qui nous conduisait de manière irréversible sur des chemins différents. Une succession d'évènements pour réaliser que notre histoire était devenue toxique et pour l'un et pour l'autre. Il fallait *admettre* de lâcher prise sur le contrôle, moi-même je *contrôlais*. En définitive *contrôler* n'est qu'une tentative de manipulation... Le leurre de croire à une sécurité, celle d'un foyer, une jolie maison, des enfants et une vie de couple engagée pour le meilleur et pour le pire, gage d'une vie heureuse. Jusqu'à ce qu'une allumette fasse tout flamber et vous plonge dans les profondeurs des questions existentielles sur la vie, le bonheur, l'amour, les blessures, l'insécurité et le détachement. Bref ! L'alchimie à laquelle j'ai cru un instant s'en est allée. J'imagine combien cela doit te parler à toi, ma chère Tonia, qui a vécu ce drame du féminicide.

Mes recherches me passionnent et m'excitent. Elles permettent d'ouvrir les portes d'un nouveau monde libéré des carcans de pensées limitantes. Elles poussent à mettre d'autres schémas en place avec notre cœur et dans le respect de nous-même et des autres ; elles nous mènent *in fine* à des relations de meilleures qualités, libre de l'engagement à tout prix et des attachements devenus toxiques. J'ai le sentiment que cette manière de pensée pourrait nous amener à des séparations ou des éloignements moins douloureux et plus en respect de nos besoins respectifs. Vouloir l'autre heureux est devenu pour moi la condition essentielle de l'amour inconditionnel même si le besoin de l'autre est de s'éloigner de moi. Notre monde est en train de se clore, gouverné, je pense, par des instances religieuses et politiques nous soumettant par injonctions. Ni profondément bon ou mauvais, il a certainement eu son intérêt, un temps, pour tenter de réunir un collectif autour de valeurs communes encadrées par des rituels et des protocoles certainement justifiés par les besoins de ces différentes époques.

Aujourd'hui, force est de constater que cela ne fonctionne plus. La gouvernance religieuse atteint ses limites et nous ne pouvons plus nous fier à la pseudo-sagesse ou conscience de quelques-uns au détriment du bien commun. Au fil du temps ces sagesses ont perdu leur sens et leur constance. La manipulation et la perversion ayant introduit les églises et lieux de culte, nous avons perdu confiance et c'est donc individuellement que nous sommes conviés à explorer *notre divin*. Apprendre à dépasser la dépendance et l'attachement, le sentiment de l'abandon, l'idée du sacrifice, le jugement de l'autre et bien d'autres choses, transforme profondément les conditionnements, avec l'acquisition d'un nouveau savoir-être, plus humble et plus humain, libre de nos dualités. Nous apprenons à nous diriger dans la vie avec plus d'intuition, à mieux regarder les opportunités et les signes. Cela permet aussi la patience, le lâcher-prise, et d'accueillir avec bienveillance la vulnérabilité dans les douloureux moments de doute. Ce sont des étapes nécessaires pour épurer un mental parfois bien trop exigeant.

Mettre un zoom sur les mémoires familiales permet d'apprendre et aide à la compréhension du *soi*. La connaissance de soi passe par son vécu, son expérience et aussi par *la mémoire inconsciente familiale*. Le but de l'analyse de nos blessures transgénérationnelles est finalement de les guérir pour nous transformer. C'est devenu *un besoin* dans notre actualité bousculante et parfois violente car nous portons souvent sur plusieurs générations des révoltes et colères destructrices.

Ces constats analysés sont soutenus par de récentes expériences neuroscientifiques, qui ont validé au niveau cellulaire l'empreinte de blessures transmises via les gènes au fil des générations même si nous ne connaissons pas l'aïeul (voir les travaux de l'équipe d'Ariane Giacobino). Partant de là, je me suis mise à chercher la résonance de blocages et symptômes divers avec les souffrances des ancêtres. Depuis, je ne cesse d'être surprise et de surprendre par le sens et la compréhension de nos propres souffrances. Regardez comment vous souffrez et vous serez surpris de constater que certains de vos ascendants ont vécu des tourments similaires, ressenti les mêmes émotions même si les épreuves ne sont pas tout à fait identiques puisque le contexte est bien sûr différent.

L'émotion *ressentie* est très semblable. Pour moi, *il n'y a pas d'accident, tout a un sens subtil et inconscient possible à décrypter.* Il y a bien sûr l'influence de contextes culturels nous soumettant souvent à de profondes blessures et engendrant de grands traumatismes. Enfin, il y a aussi nos natures individuelles qui nous permettent plus ou moins de nous adapter aux évènements.

Partons donc de ce que nous avons vécu collectivement et mondialement avec la crise sanitaire liée à la propagation du coronavirus : sa présence a engendré peurs et psychoses pour beaucoup, loin de tuer massivement. Elle nous a demandés de tirer des leçons, de nous adapter, de nous élever vers d'autres savoir-faire et savoir-être. Nous n'avons pas tous vécu cette situation de la même manière. Nous n'en subissons pas non plus les mêmes conséquences. Certains ont décompensé psychiquement et même somatiquement. Mon hypothèse est que cette situation, justement, est venue réveiller chez beaucoup d'entre nous les traumatismes de guerre de leurs ascendants, qu'ils portent via leurs gènes, ou tout autre traumatisme pouvant résonner avec de grandes terreurs. Les périodes de crise de plus en plus nombreuses, comme en témoignent la crise ukrainienne, le combat des femmes iraniennes, etc. – ne sont pas là non plus par hasard, elles sont là pour nous pousser à la métamorphose.

Ma vocation, dans ce contexte, est d'aider chacun à une transformation individuelle profonde dont le but est de transmettre des savoir-être respectueux de soi-même et des autres. Ces savoir-être devraient nous aider à créer des relations de bienveillance et d'amour, libérés des blessures et des jugements qui nous ont jusque-là trop souvent pollués, faisant de nous des coupables et des victimes. J'ai espoir aussi que chacun avec ses spécificités et ses aspirations puisse être moteur d'une créativité moderne au service de nos besoins actuels, notamment pour l'écologie et le respect de la nature, enjeu de taille de notre siècle. Ainsi, chacun dans sa mission de vie peut agir pour repenser l'éducation, la justice, la politique, nos systèmes de santé, l'agriculture et bien d'autres choses. Il est temps d'inventer des leaderships bienveillants.

À mon humble avis, nous devons nous apaiser individuellement si nous voulons nous engager dans le collectif actuel avec plus d'humanité et de conscience d'amour et de paix. C'est ma vocation d'aider à cela. C'est pourquoi je veux ici transmettre mon point de vue et mon regard atypique sur une humanité à recréer et à repenser.

J'aimerais revenir sur les notions de manipulations et de perversion. Nous sommes tous des manipulateurs potentiels dans notre volonté de contrôler les autres et nous-même. Ces manipulations ne sont finalement que les fruits de nos blessures et conflits psychiques inconscients. C'est aussi le dérèglement du système originel qui nous a divisés avec violence.

Nous pouvons chacun faire du mal malgré nous car nos comportements *méchants* ne sont en fait que les conséquences de nos blessures, de nos pressions les uns sur les autres et par conséquent de nos attentes déçues. C'est pour cela que nous devons trouver tous les moyens de guérir nos blessures psychiques liées à un schéma de pensée devenu obsolète, si nous voulons être plus juste et bienveillant dans nos relations aux autres et nous faire respecter, aimer et être aimé des autres. Guérir nos blessures pour sortir des jugements et prendre conscience que nous sommes dans une interdépendance, cocréateur d'un monde plus juste et plus humain. Il y a de grandes blessures connues que nous pouvons éprouver ou faire éprouver aux autres en miroir malgré nous. Chacune de ces blessures nous met dans un sentiment d'insécurité qui n'est finalement que le sentiment de ne pas être aimé ou de mal aimer. De fait, l'amour est notre besoin le plus fondamental pour nous sentir, au moins en paix, sinon joyeux.

Qu'est-ce qui nous rend plus heureux que des moments de partage et d'amour que nous vivons avec l'autre ? L'amour est donc notre énergie de guérison. C'est le soleil porté en nous et bien souvent éteint par la souffrance procurée par le manque d'amour : le désamour, les sentiments d'abandon, de rejet, de trahison, d'humiliation ou d'injustice. Nous avons le pouvoir de combattre toutes ces blessures en les libérant, de ne plus les subir en apprenant à s'aimer.

C'est la condition pour ne plus vivre la relation à l'autre dans l'incompréhension, le conflit et la tragédie, et pour savoir s'affirmer et se faire respecter quand le comportement de l'autre nous met dans l'inconfort, voire en danger. La stratégie qui me semble fondamentale pour avancer vers une conscience plus humaine est de toujours revenir à soi-même dans ce que l'on ressent face à une situation qui nous dérange ou nous met mal à l'aise. En miroir, la manière dont nous jugeons les comportements et attitudes extérieurs à nous, est systématiquement une part de nous à guérir et à libérer.

Nous avons trop longtemps vécu nos relations dans l'attachement et la dépendance. Nous avons trop longtemps souffert de soumission et de rejet. Nous avons trop longtemps pensé que la séparation est abandon. Nous devons donc nous éveiller aujourd'hui pour repenser nos relations dans l'amour. Si nous voulons avoir des relations de qualité, nous devons repenser nos ressentis et nos besoins quand nous souffrons. Alors, si nous prenons notre douleur comme une opportunité, nous pourrons accueillir les cadeaux cachés que cette douleur bien souvent recèle.

Cette mission est sans cesse à repenser et, finalement, elle évolue au gré du temps et de ses transformations. Il est si important de se relier dans la complémentarité de liens de mêmes chemins. Selon les moments de la vie et de nos transformations inévitables, il est fort probable que ces liens changent. Il est important alors de travailler aussi la souplesse de les accueillir ou de les laisser s'éloigner, voire partir, au gré du temps et des vicissitudes de la vie.

L'amour inconditionnel est finalement juste le souhait que l'autre soit heureux, et non qu'il exécute ce qu'un autre attend de lui ou inversement. Un lien ne se coupe jamais, il est au-delà de la vie et de la mort. Nous ne coupons pas avec notre passé ou un lien toxique, nous le transformons pour l'intégrer en nous avec bienveillance et compassion. Celui qui est à l'extrémité du lien est le reflet de ce que nous devons apaiser en nous. Nous sommes toujours reliés à l'autre par l'énergie d'amour. Ce qui le rend néfaste ce sont les blessures induites par les conditionnements d'attachement, celles-là même dont nous devons nous défaire.

L'éveil à la communication non violente dans la lignée de l'analyse du conflit psychique par les courants psychanalytiques est une prémisse pour sortir de la servitude religieuse et inventer de nouvelles relations aux autres plus équitables. Avec le courant de la thérapie LIBRE, j'ai à cœur de faire prendre conscience de l'évolution psychologique dans son sens historique pour créer d'autres mentalités qui répondent à notre modernité et faire de chacun le principal acteur de sa vie.

Et finalement Tonia, aussi dramatique que soit ton histoire, aussi beau est le chemin que tu as accompli par toi-même pour t'éveiller et éveiller ce monde je l'espère. Alors bravo et gratitude à toi !

Cela redonne sa noblesse à la mort, à la vie, au temps qui passe, aux cycles se succédant, aux nécessaires transformations vers lesquelles la vie nous pousse. Les liens subtils nous reliant aux autres deviennent tout aussi importants que les liens physiques. Et c'est à chacun de sentir et distinguer les croyances bonnes pour lui de celles qui le sont moins, afin de les transformer pour s'élever vers plus de paix et d'harmonie. Apprendre à garder nos cœurs ouverts à ce que nous avons en chacun de nous de plus beau sera la clé de nos guérisons individuelles et collectives. Libérer nos relations des dépendances toxiques et de leurs dualités destructrices est la condition pour sauver l'humanité de la destruction et du naufrage écologique. Alors bonne route à tous sur vos chemins de liberté…

Table des matières

9 798856 660295